www.tredition.de

1

Diese 2. Auflage ist

Pater Germar Hermann Pawelletz, OP

* 27.04.1939 - + 29.04.2012

gewidmet.

Joachim Sikora (Hrsg.)

VISIONEN-READER I

Von der gesellschaftlichen Vision zur politischen Programmatik

2. (erheblich gekürzte) Auflage

www.tredition.de

© 2012 Joachim Sikora (Hg.)
2. (erheblich gekürzte) Auflage

Verlag: tredition GmbH, Hamburg
ISBN: 978-3-8495-0255-3
Printed in Germany

Bibliografische Information der Deutschen Nationalbibliothek:
Die Deutsche Nationalbibliothek verzeichnet diese Publikation in der Deutschen Nationalbibliografie; detaillierte bibliografische Daten sind im Internet über http://dnb.d-nb.de abrufbar.

Inhaltsverzeichnis

Vorworte

- Vom schönen Schein der Demokratie (Hans Herbert von Arnim)

- Zur Notwendigkeit einer Generalüberholung des Grundgesetzes (Hans Meyer)

- Der Zustand des Förderalismus

- Der Zustand der Finanzverfassung

- Zum Zustand des Parteienstaates

- Zum Zustand der Verfassung im Blick auf Europa

- Vom Sinn, heute noch über Artikel 146 GG zu sprechen

- Zur Möglichkeit einer Generalüberholung durch Verfassungsänderung nach Art. 79 GG

- Art. 146 GG: Eine weginterpretierte Verfassungsnorm

- Verfassungshinweise zur Aktivierung des Volksrechtes

(BUND und „Ökumenische Initiative Eine Welt")

- Was ist die „Erd-Charta"?

- Text der „Earth-Charter"

- Der Weg, der vor uns liegt

- Einführung eines Grundeinkommens ohne Bedürftigkeitsprüfung

- Gleiches Grundeinkommen für Kinder und Erwachsene

- Eigenständige Lösungen für Zuwanderinnen/Zuwanderer, Flüchtlinge, Asylbewerber(innen) und Asylberechtigte

- Negative Einkommenssteuer

- Solidarische Finanzierungselemente für das Grundeinkommen

- Vier gleichberechtigte Bereiche gesellschaftlich notwendiger Arbeit   gelten als anspruchsbegründend für das Grundeinkommen

- Festlegung einer Jahreshöchsterwerbsarbeitszeit Allgemeine gesetzliche Kranken- und Pflegeversicherung

- Investition in Bildung als Zukunftspolitik

- Nachhaltiges ökologisches Wirtschaften

- Analyse des Problems

- Dauerhaft quantitatives Wachstum?

- Zinsen nur beim Leihen?

- Der Zins: eine gerechte Gebühr?

- Nutzungsgebühr statt Zins

- Ein Geldsystem, das der natürlichen Wachstumskurve folgt

- Umsetzung auf regionaler Ebene

- Komponenten einer vollständigen regionalen Währung

- Unterschiede zwischen Euro und „Regio"

- Zusammenarbeit mit regionalen Banken

- Zur steuerlichen Behandlung von Regionalwährungen

- Ein praktisches Beispiel im Chiemgau

- Sparkonten für die Regionalwährung?

- Die Vision -   Wie weiter?

- Die bisherige, rein formale Bürgerbeteiligung reicht nicht aus

7

- Bürgerkompetenz muss frühzeitig und glaubwürdig einbezogen werden

- Es geht um eine wirksame Beteiligung von Bürger - kompetenz

- Wir brauchen einen neuen Gesellschaftsvertrag

- Grundlegende Umorientierung des bisherigen Verständnisses von Verwaltungshandeln

- Die „bürgerbeteiligende Verwaltung" braucht sinnfällige Projekte

- Die „Vierte Gewalt": die Konsultative

Vorworte

Diese Gesellschaft steht an der Grenze ihrer Leistungs-fähigkeit. Dies gilt insbesondere für das wirtschaftliche und politische System und in der Folge auch für die Konstrukti-on der sozialen Sicherung. Seit Jahrzehnten wird immer wieder mit den gleichen Verheißungen:

- Senkung der Lohnnebenkosten,
- Senkung der Unternehmenssteuern,
- Deregulierung
- Flexibilisierung
- Privatisierung
- Wirtschaftswachstum

Das Versprechen der Schaffung neuer Arbeitsplätze und damit die Lösung der Probleme verbunden. Diese „Trick-kiste" der „Chicago Boys" führt aber nur zur Umverteilung von unten nach oben, zur immer größeren Spaltung der Gesellschaft.

Die verschriebenen Rezepturen führen nicht zu einer Gesundung der Gesellschaft, sondern haben ihren Zustand permanent verschlechtert. Deshalb sollten wir uns von die-sen Konzepten so allmählich lösen und nach alternativen, unkonventionellen Therapien Ausschau halten.

Oder – um ein anderes Bild zu wählen – die ständigen Renovierungsarbeiten zur Sanierung der bundesdeutschen wirtschaftlichen und politischen Konstruktion zurückstellen zu Gunsten eines Ideen-Wettbewerbes für eine neue Ge-sellschafts-Architektur. Entwürfe, „Blaupausen", Visionen sind ausreichend vorhanden. Es ist an der Zeit, sie zu ei-nem neuen sozialethisch fundierten Gesamtkonzept weiterzuentwickeln. Die vielen Detailpläne müssten zu einem attraktiven gesellschaftlichen Bauplan – wie in einem Puzzle – zusammengefügt werden.

Gleichzeitig ist es dringend notwendig, die vielen Einzelakteure – die eine gesellschaftliche Veränderung anstreben – zusammenzuführen. Sie sollten sich in Initiativen, Gruppen, Zirkeln treffen, um an der Entwicklung und späteren strategischen Umsetzung konstruktiv und kreativ zu arbeiten.

Der erste Abschnitt beschäftigt sich mit einigen exemplarischen Beispielen sozialer, wirtschaftlicher und politischer Aspekte „Zur Lage der Nation". Der Schwerpunkt im zweiten Kapitel liegt auf modernen Mythen, die sich in wissenschaftlicher Gewandung präsentieren und sich zu dominanten Bestimmungsfaktoren für Wirtschaft, Staat und Gesellschaft entwickelt haben. Über die persönliche und gesellschaftliche Bedeutung von Visionen reflektiert das dritte Kapitel. Der vierte und zentrale Teil widmet sich der Vorstellung einer großen Zahl gesellschaftlicher Visionen, die häufig auch so bezeichnet – gelegentlich aber auch als „Träume" oder „Leitbilder" präsentiert werden. Damit will dieser „Reader" vor allem verdeutlichen, dass es an kreativen Entwürfen und schöpferischen Alternativen nicht mangelt. Ganz im Gegenteil – die Zahl der Zukunftsentwürfe steigt ebenso wie das „Sozialkapital" – doch in der Regel nicht in den tradierten Organisationen, sondern in anderen Sektoren der Gesellschaft. Im fünften Abschnitt wird die „Initiative Zukunft", ihre Ziele, Partner und Instrumente vorgestellt.

Dieses Buch wurde als „Reader" konzipiert, das heißt, die meisten Texte stammen aus unterschiedlichen Quellen und von einer großen Zahl von Autoren. Die jeweilige Fundstelle wird sorgfältig dokumentiert. Dem Herausgeber liegt die jeweilige Zustimmung zur Veröffentlichung vor.

Möge dieser „Reader" den Leserinnen und Lesern eine Vielzahl von Anregungen vermitteln; sie aber vor allem motivieren, aktiv in der „Initiative Zukunft" mitzumachen.

Joachim Sikora   Troisdorf / Bad Honnef, im Mai 2004

Vorwort zur stark gekürzten 2. Auflage

Seit der Veröffentlichung der 1. Auflage hat sich viel ereignet! Vor allem

- ✓ die Verweigerung der Bürgerbeteiligung auf Bundesebene,

- ✓ der Reform des Grundgesetze,

- ✓ der Erarbeitung einer Deutschen Verfassung,

- ✓ der ‚merkliche' „repräsentative Absolutismus" (... Nuhr),

- ✓ die angebliche „Alternativlosigkeit" in der Politik,

- ✓ die Verschleuderung von Milliarden an „systemrelevante" Institutionen,

- ✓ die Pseudo-Rettungsschirme,

- ✓ die permanente Selbst-Entmündigung des Parlamentes und

11

✓ die schleichende Abgabe von Souveränitätsrechte an Europa,

haben die Distanz vieler Bürgerinnen und Bürger zur Politik ständig gesteigert.

Zusammen mit politisch sensibilisierte Bürgerinnen und Bürger haben wir die „Initiative-Verfassungskonvent" gegründet und zwischenzeitlich erheblich „ausgebaut".

Im „Leipziger Aufruf" vom 09. Oktober 2012 haben wir noch einmal – mit allem Nachdruck - auf Art. 20 Abs. 2 GG hingewiesen, der da lautet:

„Alle Gewalt geht vom Volke aus"!!!!

Das 3. Treffen der „Initiative-Verfassungskonvent" steht unter dem Leitthema: „Der Souverän übernimmt seine Verantwortung". Wir sind nicht gewillt das „Verfassungsverbrechen im Fortsetzungszusammenhang"(Heribert Prantl) weiter hinzunehmen und fordern die Einrichtung einer unmittelbaren Vertretung der Bürgerinnen und Bürger (Arbeitstitel: die „Konsultative") auf Bundesebene und die Einführung von Bürgervertretung auf regionaler Ebene, die unmittelbar gewählt (und nicht von den Parteien bestimmt) werden.

Die hier aus der 1. Auflage unverändert übernommenen Texte (viele mussten allerdings herausgenommen werden, da sonst das Manuskript zu umfangreich geworden wäre) dienen als Hinführung und Begründung dieses Anliegens.

Joachim Sikora   -   Troisdorf im Januar 2013

1. Mythos: Demokratie

Vom schönen Schein der Demokratie[1]

Alle Macht geht vom Volke aus – theoretisch. Denn in Wahrheit sind Wahlen, Volksbegehren und Volksbescheid stumpfe Waffen im Kampf um die demokratische Mitsprache. Die politische Klasse hat praktisch jede Kontrollmöglichkeit von Regierung und Verwaltung ausgehebelt. Vom Ideal der Demokratie bleibt nur der schöne Schein. Dieser harte Befund wird belegt an zwei Grundpfeilern des demokratischen Systems:

* Der Förderalismus: Ursprünglich sollte die Gewaltenteilung zwischen Bund und Ländern für ein Höchstmaß an Bürgernähe und politischer Handlungsfähigkeit sorgen. Doch der deutsche Förderalismus bewirkt eine Entmachtung der Parlamente wie der Bürger und führt zur Lähmung der Politik. Immer mehr ursprüngliche Länderkompetenzen wurden auf den Bund übertragen. Ein umfassendes System gegenseitiger Absprachen stellt sicher, dass länderübergreifend einheitliche Regelungen gelten, für die niemand verantwortlich ist. Die Länder sind politisch kastriert. Zum Ausgleich für ihren Verlust an Aufgaben und Einfluss haben sich viele Landespolitiker ein Übermaß an Privilegien genehmigt. Um so mehr Macht haben die Ministerpräsidenten, die ihre starke Position im Bundesrat aber

---

[1] Dieser Text ist dem Buch von Hans Herbert von Arnim, Vom schönen Schein der Demokratie – Politik ohne Verantwortung – am Volk vorbei, Droemer Verlag, München 2000, mit Zustimmung des Autors entnommen.

oft parteipolitisch instrumentalisieren und wichtige Reformvorhaben blockieren.

* Die Instrumente der direkten Demokratie: Im Prinzip können die Bürger nicht nur in Wahlen, sondern auch über Bürgerbegehren und Volksbegehren unmittelbar auf die Politik der Kommunen und Länder Einfluss nehmen. Doch aus Furcht vor dem Volk und um möglichst ungestört und unkontrolliert ihren Geschäften nachgehen zu können, hat die politische Klasse diese Beteiligungsmöglichkeit mit kaum überwindbaren Hürden versehen: von der restriktiven Zulassungsbestimmung bis zum Ausschluss bestimmter Themen.

Das Wesen des demokratischen Staates liegt in zwei Prinzipien: Selbstentscheidung des Volkes und inhaltliche Richtigkeit. Klassischen Ausdruck hat beides in der so genannten Lincolnschen Formel gefunden, wonach Demokratie „Regierung des Volkes, durch das Volk, für das Volk" ist. Regierung *durch* das Volk verlangt, dass die Bürger Einfluss auf die Politik haben, Regierung *für* das Volk, dass die Politik den Interessen der Bürger, und zwar aller Bürger gerecht wird.

Misst man an der Lincolnschen Formel, so gelangt man unmittelbar zu den zentralen Fragen an unser politisches System. Hier zeigt sich ein zweifaches Defizit:

* Dringende Sachprobleme werden nicht oder nicht angemessen oder nicht rechtzeitig gelöst.

* Der Bürger, das Volk, hat praktisch wenig zu sagen, sowohl in der Sache als auch bei der Auswahl der meisten Politiker.

Der Staatsrechtslehrer und frühere Bundesinnenminister Werner Maihofer spricht im Handbuch des Verfassungsrechts treffend von einem Repräsentationsdefizit und einem Partizipationsdefizit.

Die Reformblockade ließe sich – so die These – nur aufbrechen und die staatliche Handlungsfähigkeit wiederherstellen, wenn das Volk mehr Einfluss erhielte. Hier gilt allerdings ein Paradoxon: Reformen können durchaus von oben kommen, aber die politische Kraft dazu kann den Politikern nur von unten zuwachsen. Das verlangt eine möglichst starke Durchlässigkeit des politischen Systems für den Common sense der Bürger.

Der Wähler entscheidet nicht über die Kandidaten, sondern allein noch über die Größe der verschiedenen Parlamentsfraktionen und damit über die Herrschaftsanteile der Parteien. Auch die große Richtung der Politik kann der Wähler kaum beeinflussen. Kleine Parteien spielen Zünglein an der Waage und entscheiden durch ihre Koalitionspräferenzen darüber, wer die Mehrheit im Parlament erhält und die Regierung stellt. Zudem führen abweichende Mehrheiten im Bundesrat dazu, dass alle wichtigen Entscheidungen nur noch von den großen Parteien gemeinsam getroffen werden können. Dann kann der Bürger wählen, wen er will: das Ergebnis bleibt das gleiche. ...

Deutliche Parallelen ergeben sich für die Europäische Union. Wir wissen inzwischen, dass

- die Bürger fast nichts zu sagen haben,
- die Politik weitgehend handlungsunfähig ist, beides mit mangelhaften politischen Institutionen zusammenhängt,
- die Eigeninteressen der Berufspolitiker mit zur Pervertierung der Institutionen führen und auch Reformen zum Besseren verhindern,
- die politische Klasse aus eigenem Überlebensinteresse daran interessiert ist, die Verantwortung ganz systematisch auf so viele Schultern zu verteilen, dass niemand für Entscheidungen wirklich verantwortlich gemacht werden kann,
- Abhilfe deshalb nur dadurch möglich ist, dass die Bürger aus der Reserve treten und wieder mehr Entscheidungen selbst treffen – wie überall wo die Beauftragten versagen und die Auftraggeber die Schlüsselentscheidungen wieder an sich ziehen,
- dazu die Einführung bzw. der Ausbau direktdemokratischer Elemente und das Gebrauchtmachen von ihnen unverzichtbar sind.

Alle diese Erkenntnisse, die wir aus Beobachtungen der politischen Klasse einschließlich der politischen Eliten, der Politikfinanzierung, des Wahlrechts, der Politikerrekrutierung und anderer für den sogenannten Parteienstaat typischer Erscheinungen gewonnen haben, werden nun durch die Strukturen unseres bundesrepublikanischen Föderalismus noch außerordentlich verstärkt; zugleich wird hier besonders deutlich, dass Änderungen zum Besseren die Einbeziehung direktdemokratischer Elemente verlangen:

- Die Mitwirkung der Bürger an der politischen Willensbildung wird durch die Institutionen des Föderalismus nicht gestützt, wie die Föderalismustheorie behauptet, sondern erst recht reduziert.
- Auch die Handlungsfähigkeit der Staatsorgane wird noch weiter geschwächt, so dass sich in der Realität genau das Gegenteil dessen ergibt, worin gemeinhin der Sinn des Föderalismus gesehen wird.
- Zugleich tritt die Flucht der Politiker aus der Verantwortung in den föderalistischen Strukturen besondern hervor. Die Entscheidung auf so viele unterschiedliche Schultern zu verteilen, dass die politischen Zurechnungsmechanismen am Ende alle leer laufen, scheint geradezu zum Zweck des Föderalismus geworden zu sein.
- Hier lässt sich auch besonders gut demonstrieren, dass die Fehlentwicklungen ganz wesentlich dem Wirken der Eigeninteressen von Berufspolitikern zuzuschreiben sind.
- Der größte Teil der politischen Klasse ist in den Ländern und Kommunen angesiedelt, obwohl die politische Musik im Bund spielt. Die meisten Parlamentarier sind Landesparlamentarier. Ämterpatronage findet – wegen des Schwergewichts der Verwaltung in den Ländern und Kommunen - quantitativ vor allem dort statt.
- Abhilfe ist vor allem von einer Heranführung der Politik an den Common sense der Bürger zu erwarten. Es bedarf einer Aktivierung der Elemente

direkter Demokratie. Das gilt sowohl für einzelne Entscheidungen als auch für die Neukonstituierung der Institutionen der politischen Willensbildung. Gerade für letztere sind Volksbegehren und Volksentscheid besonders geeignet. Doch auch hier bedarf es ausgeklügelter Durchsetzungsstrategien. Denn dass wir bisher in Deutschland wenig effektive direkte Demokratie haben, hängt auch wieder mit den Eigeninteressen der politischen Klasse zusammen. Noch immer – und trotz der gesetzlichen Neuregelung der letzten Jahre – ist die Geschichte der direkten Demokratie in Deutschland in weiten Teilen geradezu eine Chronik ihrer legislativen und administrativen Sabotage.

Besonders faszinierend (aber auch erschreckend) ist die Parallele auf „höherer" Stufe: Fast alle vorgenannten Probleme tauchen auf der Ebene der Europäischen Union – allerdings zum Teil in abgewandelter Form – wieder auf.

Zur Notwendigkeit einer Generalüberholung des Grundgesetzes[2]

Zunächst einige Überlegungen zur Notwendigkeit gravierender Änderungen am Grundgesetz oder gar zu einer Generalüberholung. Es gibt vor allem vier Felder. Das

---

[2] Auszüge aus dem Referat von Prof. Dr. Hans Meyer, „Artikel 146 GG. Ein unerfüllter Verfassungsauftrag?, als Beitrag auf dem 3. Speyerer Demokratieforum, Oktober 1999, Duncker & Humblot, Berlin 2000; vgl. Literaturhinweise

eine Feld ist der Föderalismus oder was aus ihm in den 50er Jahren geworden ist. Das zweite Feld betrifft die Finanzverfassung, und zwar in zweifacher Hinsicht. Zum einen geht es um ihren föderalen und kommunalen Aspekt und zum anderen um das Schuldenproblem, also um die Gefahr der Selbststrangulierung des politischen Systems. Das dritte Feld betrifft die parteienstaatlichen Wucherungen des Systems, das vierte schließlich das Verhältnis zu Europa.

Der Zustand des Föderalismus

Es war ein Irrtum anzunehmen, der Regierungswechsel von Kohl zu Schröder durch Wahlentscheid des Volkes und damit die relative Gleichgestimmtheit der Mehrheiten in Bundestag und Bundesrat hätten, wenn sich die Mehrheitsverhältnisse im Bundesrat nicht zwischenzeitlich wieder verändert hätten, unsere föderalen Probleme erledigt oder wenigstens erträglich gemacht. Die Rederei von der Blockadepolitik dürfte so lange der politischen Rhetorik geschuldet oder schärfer: für Heuchelei gehalten werden, solange man die Rechtsprechung des Bundesverfassungsgerichtes akzeptiert, dass ein Gesetz als Ganzes und nicht nur im Hinblick auf die das Zustimmungsrecht auslösenden Bestimmungen der Zustimmung des Bundesrates bedarf. Hält man es mit dem Bundesverfassungsgericht, dann ist der Bundesrat - verfassungsrechtlich gewollt - politische Gegenmacht, und man ist zum Kompromiss gezwungen. Freilich kann man diese Rechtsprechung für falsch und für ebenso korrekturbedürftig wie korrekturfähig halten. Dem Parlamentarischen Rat hat mit Sicherheit nicht vorgeschwebt, er habe mit seinen Zustimmungsregeln weit über die Hälfte der Bundesgesetze dem Veto des Bundesrates ausgesetzt. Das ist gleichwohl nur die äußere Seite des Problems. Wichtiger sind die innenpolitischen Konsequenzen.

Mit der Ausweitung der Kompetenzen des Bundesrates wird eine Neigung der Landesfürsten bei „einfarbigen" Regierungen wie bei Koalitionsregierungen verstärkt, statt das politische System im Land zu stärken, die Mitsprache in der Bundespolitik zum Ziel des Strebens zu machen. Dies wird auf das Eleganteste unterstützt durch die Tatsache, dass die dominierenden Medien einen starken unitarischen, also auf den Bund und seine Politik bezogenen Charakter haben. Keines der Länder reklamiert zum Beispiel ein eigenes Steuerrecht, es ist viel schöner, die politische Verantwortung dem Bund zu lassen. Die Ungeheuerlichkeit, dass die Länder über Artikel 74 a GG einen Kernbereich ihrer Eigenstaatlichkeit, die Besoldung ihrer Beamten, aufgegeben haben, hat niemanden ernsthaft aufgeregt. Und die fast lächerlichen Vorschläge, die den Ländern für die Nutzung des neuen Artikels 72 III GG vorschweben, haben dieselbe Ursache. Das Verfahren der Länder im Rahmen des Artikels 72 III GG zeigt im Übrigen, wie weit die Landesparlamente sich schon selbst aus ihrer ureigenen Funktion, der Landesgesetzgebung, verabschiedet haben. Obwohl es bei Artikel 72 III GG um die Wiedergewinnung von Landesgesetzgebungskompetenz geht, haben die Vorschläge zur Nutzung nicht die Landesparlamente, sondern die Landesregierungen gemacht. Wir haben eine deutliche Tendenz zur objektiven Entpolitisierung der Länder selbst, was die Landtage durchaus unter Legitimationsdruck stellt. Der nicht unerhebliche Aufwand eines parlamentarischen Systems für einen bloßen Verwaltungskörper wird begründungsbedürftig.

Die latente Entpolitisierung der Länder hat unter dem Stichwort des Kooperativen Föderalismus zu einer weiteren, eher bedenklichen Tendenz geführt. Die Länder sehen sich - und auch hier wiederum spielen die Medien eine bedeutende Rolle - einem Vergleichsdruck ausgesetzt, dem man durch uniforme Regelungen ausweichen kann. Schwindet der politische Gestaltungswille in einem Land, so kann er sich schwerlich dem Uniformitätsdruck entziehen. Die Konsequenz ist, dass sich die einzelnen Fachminister über die jeweilige Ministerkonferenz zusammenschalten und einvernehmlich Regelungen ausarbeiten, die dann den eigenen Parlamenten mit dem Hinweis, man habe sich mühsam geeinigt und könne jetzt nicht einen Bruch dieser Einigung riskieren, mehr oder weniger oktroyiert werden. Da das Einigungsverfahren zwischen den Ländern sehr aufwendig ist, bedeutet dieses Verfahren zugleich, dass Abänderungen des einmal getroffenen Kompromisses nur mit außerordentlichem Aufwand und unter Inkaufnahme eines hohen Zeitverlustes realisiert werden können. Das Verfahren paralysiert das föderale System, weil es die politische Verantwortung nicht mehr zurechenbar, und es entparlamentarisiert, weil es die Parlamente tendenziell zu Opfern einer Erpressung macht.

Diese Fehlentwicklungen besagen natürlich nichts darüber, dass auch der deutsche Föderalismus hinreichende positive Eigenschaften hat, um ihn mit Nachdruck zu verteidigen. Er erweitert die demokratische Teilhabe an den Staatsagenden, ermöglicht eine demokratische Organisation regionaler Angelegenheiten und organisiert insofern regionale Differenzen sinnvoll. Er erlaubt es, gesamtstaatliche Erschütterungen aufzufangen, und er bildet in nicht geringem Umfange das politische Personal für die Bundesebene aus. Für einen Staat in der Größe wie die Bundesrepublik, in dem es zentrifugale Kräfte, die sich selbst ernst nehmen, nicht gibt, scheint eine föderale Struktur unabdingbar.

Ob freilich der konkrete Föderalismus regionale Differenz sinnvoll organisiert, hängt auch vom Zuschnitt der Bundesländer ab. Der deutsche Föderalismus in seiner jetzigen Gestalt ist im Westen nicht gewachsen, sondern mehr oder weniger das Produkt besatzungsrechtlicher Besonderheiten, was insbesondere auf die Sorgenkinder, den Stadtstaat Bremen und das Saarland, zutrifft. Dass die Vereinigung Deutschlands nicht als Chance erfasst worden ist, zu großflächigeren Zusammenschlüssen im Osten und zu einer Revision im Westen zu kommen, erweist sich, je länger die Zeit ins Land geht, als ein Versagen. Die Länder haben ihrerseits bei der zum Teil radikalen kommunalen Territorialreform keine Rücksicht auf gewachsene Gemeinschaften genommen, so dass sie eine ähnliche Rücksicht auch nicht für sich in Anspruch nehmen können. Die Kunstgebilde wie Nordrhein-Westfalen oder Rheinland-Pfalz haben, trotz des eher kuriosen Ausgangspunktes, in relativ kurzer Zeit zu ihrer Identität gefunden; es ist nicht einzusehen, warum dies ohne allzu große Erschütterungen nicht auch unter heutigen Bedingungen möglich sein sollte.

Der Zustand der Finanzverfassung

Es ist sicherlich eine kurzsichtige Annahme, durch föderale Zusammenschlüsse würden finanzstarke Länder geboren. Das finanzschwache Bremen liegt in dem finanzschwachen Niedersachsen und das finanzschwache Saarland grenzt vollständig an das auch nicht gerade finanzstarke Land Rheinland-Pfalz. Und auch der Zusammenschluss ostdeutscher Länder ergäbe nicht schon von selbst ein finanzstarkes Land. Es käme freilich zu einer Entlastung von den Kosten der politischen Führung, wie das Bundesverfassungsgericht sie genannt hat. Sie sind im Verhältnis zum Gesamtbudget umso höher und also belastender, je kleiner das System ist.

Größere Länder sind aber eher in der Lage, einen gut ausgebildeten administrativen Zentralapparat zu tragen, der sowohl wegen der innenpolitischen Anforderungen als auch der notwendigen auf Europa gerichteten Aktivitäten wegen für eine qualifizierte Erfüllung der Aufgaben notwendig ist.

Die eigentlichen finanzverfassungsrechtlichen Probleme des Föderalismus sind freilich anderer Art. Das Kernübel der Finanzverfassung ist das Auseinanderfallen von politischer Verantwortung auf der einen und politischem Nutzen oder politischem Schaden auf der anderen Seite. Das beginnt bei der Steuergesetzgebung. Sie hat der Bund durch

Inanspruchnahme der konkurrierenden Gesetzgebung über fast alle denkbaren relevanten Steuerquellen monopolisiert. Die Erträge kommen ihm aber entweder nur zum Teil oder gar nicht zu. An die Steuerbürger kann er also im schlimmsten Fall Wohltaten zu Lasten Dritter verteilen. Die Länder wiederum sind für keine Steuererhöhung verantwortlich, die ihnen finanziell und also politisch einen Nutzen bringt. Die Verantwortung trifft allein den Bund als Steuergesetzgeber. Da die Steuern neben der nun wahrlich nicht lobenswerten Schuldenmacherei die relevanten Einnahmequellen bilden, gibt es kein Korrektiv der Verantwortung gegenüber der eigenen Bevölkerung, wenn die Länder ihre politischen und damit finanziellen Bedürfnisse - von politischer Rücksichtnahme auf die eigene Bevölkerung unbelastet - artikulieren und beim Bund anmelden.

Bei dieser Systematik ist die Aufrechterhaltung des Trennsystems, also der Tatsache, dass der Steuerertrag bestimmter Steuern insgesamt den Ländern (oder dem Bund) zukommt, wenig plausibel und als Ausweis der Eigenstaatlichkeit der Länder nachgerade lächerlich. Unter den gegebenen Umständen wäre es sinnvoller, alle Steuererträge in einen Topf zu werfen und einen Verteilungsschlüssel auszuhandeln. Dann würde zum einen der Streit darüber entfallen, wer nun mit der Last der konjunkturabhängigsten Steuer beladen ist. Und zum anderen würde jegliche Korrektur durch den Steuergesetzgeber, handele es sich um eine Erhöhung oder Senkung der Steuersätze oder um die meist als Subvention gedachten Steuerausnahmen, beiden oder allen Steuergläubigern Nutzen oder

Schaden bringen. Viel wichtiger und erst Ausdruck echter Eigenstaatlichkeit wäre es, wenn man den Ländern - und im Prinzip auch den Gemeinden - selbst die politische Verantwortung für den Hauptteil ihrer Zwangseinnahmen übertragen würde. Dass dem die Notwendigkeit einheitlicher Steuergesetzgebung im Bund widerspräche, vermag angesichts der Tatsache wenig zu überzeugen, dass zum Beispiel im Gewerbesteuerrecht höchst unterschiedliche Steuersätze von Kommune zu Kommune akzeptiert werden. So kurios das in den Ohren vieler klingen mag, das Problem hat auch mit der Einbeziehung plebiszitärer Elemente zu tun, worauf noch zurückzukommen ist.

Unverantwortlich ist aber auch, dass der Bund politisch favorisierte Ziele über die Gesetzgebung durchsetzen kann, während die Kosten dieser Gesetze entweder durch die Belastung der Verwaltung oder bei Geldleistungsgesetzen bis zu einem gewissen Prozentsatz auch durch die Belastung mit Geldleistungen bei den Ländern oder Kommunen liegen. Eines steht jedenfalls fest, durch eine bloße Korrektur unseres jetzigen Finanzverfassungssystems lässt sich der Grundfehler nicht beheben, eine Erkenntnis, die die Antwort auf die noch zu stellende Frage nach der Möglichkeit einer Reform notwendig beeinflusst.

Der zweite Reformaspekt der Finanzverfassung betrifft das Haushaltsrecht oder, weil das so hausbacken und nach Rechnungshof riecht, die Kreditfinanzierung. Wir haben uns in den letzten Jahrzehnten eine horrende Staatsverschuldung aufgeladen. Wenn man alles zusammenrechnet, also den gesamten öffentlichen Sektor einschließlich der Schattenhaushalte, sind wir mittlerweile bei einer staatlichen Gesamtschuld von über zwei Billionen Euro. Hier haben wir den seltenen Fall, dass Nullen einen erschrecken sollten; es sind zwölf an der Zahl.

Es ist eine reine Augenwischerei anzunehmen, das seien eben die Kosten der Einigung gewesen. Wäre es so, dann könnte man sich darüber unterhalten, ob sie in dieser Höhe notwendig gewesen und vor allen Dingen, ob sie sinnvoll eingesetzt worden sind. Das wäre eine politische Debatte, aber keine strukturelle. Hier interessiert nur der strukturelle Aspekt. Tatsächlich haben wir selbst in Boomzeiten, also in Zeiten, in denen die Steuereinnahmen außerordentlich hoch waren, mehr ausgegeben, als wir eingenommen haben, ohne dass man auf die Fortdauer dieses Booms hätte spekulieren dürfen, wenn man die Politik nicht als Hasardspiel betrachtet. Das bedeutet nichts anderes, als dass wir erheblich über unsere Verhältnisse gelebt haben. Die Vorstellung, man könne mit den schuldenfinanzierten Ausgaben weiteres Wachstum anlocken, hat sich als Täuschung erwiesen. Man hat selbst dann noch mit der Wurst nach der Speckseite geworfen, als an dem Balken gar keine Speckseiten mehr hingen. Wir haben schlicht unseren Lebensstandard zu Lasten der nächsten Generation erhöht. Wir hatten also keine „Kriegskasse", als die Vereinigung mit ihren Lasten nahte, sondern pfiffen nachgerade schon aus dem letzten Loch, und das gibt keine schöne Melodie.

Analysiert man dieses Verhalten, das in beiden großen politischen Lagern und bei den kleineren Koalitionspartnern, im Bund und in den Ländern und selbstverständlich auch in den Kommunen gehandhabt worden ist, so stößt man leicht auf die Erklärung, dass die politische Kaste eher Schulden aufnimmt, als sich der Gefahr einer Wahlniederlage aussetzt. Mit anderen Worten, die Unseriosität ist als eine Art Zwangshaltung zum Prinzip erhoben worden. Wie alle wissen, hat die verfassungsrechtliche Vorkehrung des Artikel 115 GG nichts genutzt. Hier ist offensichtlich Remedur angesagt.

Zum Zustand des Parteienstaates

Der Parlamentarische Rat hat schwerlich die Phantasie besessen, wie fruchtbar sein Gedanke werden würde, die Parteien sollten bei der politischen Willensbildung des Volkes mitwirken. Sie wirken mittlerweile überall anderswo eher mit. Sie wirken über die Ämterpatronage mit in der Verwaltung, haben die öffentlich-rechtlichen Rundfunkanstalten fest in der Hand, sitzen in der gesamten staatsnahen Wirtschaft, von den Sparkassen über die quasi-privatisierten Kommunalbetriebe bis hin zu den Aufsichtsräten der staatsnahen Unternehmen und in deren Vorständen. Man findet sie in den Sportverbänden. Bei den Verbandsvertretern der Wirtschaft wie der Gewerkschaften weiß man nie genau, ob sie zuerst Parteileute und dann Verbandsleute wurden oder umgekehrt. Man kann froh sein, dass sich Hochschulen und Kultur im Wesentlichen noch resistent zeigen. Selbst in der Außenpolitik wirken die Parteien über ihre außerordentlich opulent finanzierten Stiftungen mit.

Bei so viel Mitwirkung fragt man sich gelegentlich, ob sie eigentlich noch Zeit haben, bei der Willensbildung des Volkes mitzuwirken. Lässt man den letzten Bundestagswahlkampf Revue passieren, immerhin ein rechter Anlass, das Hauptgeschäft zu betreiben, so hat man eher den Eindruck, dass die Mitwirkung in dem Versuch der reklamehaften Einwirkung sich erschöpfte.

Das meiste wäre vielleicht wenig aufregend, wenn die Parteien im Volk wirklich Fuß gefasst hätten. Die Mitgliederzahlen scheinen aber eher rückläufig zu sein und das bei einem insgesamt schon geringen Organisationsgrad. Eine Partei, die immerhin über 32 Jahre die Politik erheblich mitbestimmt hat wie die CDU, hat um die 600 000 Mitglieder. Und wenn man die Nutznießer in den von der Partei eroberten Positionen und die hungrigen Nachfolger abzieht und gar noch die inaktiven Mitglieder, dann bleibt eine ganz schmale Basis für eine lebendige politische Partei.

Dass sie den schon früh beschriebenen Oligarchisierungstendenzen in der Partei nicht standzuhalten vermag, ist fast unausweichlich geworden. Diese Tendenzen haben sich unter dem Grundgesetz nicht nur erheblich verfestigt, sondern ihnen ist auch eine feste finanzielle Basis geschaffen worden.

Das Erscheinungsbild der ebenso allgegenwärtigen wie schwachen Parteien wird nämlich durch die Stärke jener Parteimitglieder aufgehellt, die es verstanden haben, Politik zu ihrer auch finanziellen Lebensgrundlage zu machen. Zunächst haben die Parteien einen unstillbaren Hunger nach dem Geld des Staates entwickelt, der auch durch die Rechtsprechung des Bundesverfassungsgerichtes nur mühsam zu stoppen war. In dauernd neuen Anläufen wurde das Gericht gezwungen, seine Rechtsprechung zugunsten der politischen Parteien zu revidieren; daran hat auch nichts geändert, dass zwischenzeitlich erhebliche kriminelle Energie aufgewendet worden ist, die freilich als Kavaliers-Energie verbrämt wurde, um sich bei der Wirtschaft oder anderen Freunden steuermindernd Geld zu besorgen.

Als die Strategie gegenüber dem Bundesverfassungsgericht ausgereizt war, sannen die Parteien auf Auswege. Eine Umgehungsstrategie brachte sie schließlich dazu, ihre politischen Stiftungen stärker zu dotieren und, das ist viel wichtiger, die Partei im Parlament, also die Fraktion, zum Träger eines großen Mitarbeiterstabes und vielfältiger Finanzhilfen zu machen. Damit war das Geld da, wo die Parteioligarchien, nämlich die staatsbezahlten Berufspolitiker der Parteien sitzen. Die Fraktionen haben diesen Prozess bis zum Exzess getrieben und sich selbst die Rechtsform von juristischen Personen gegeben, ohne dass das jemanden sonderlich interessiert hätte. Sie können ihr eigenes Personal anschaffen, Schulden machen, Funktionsträgern Sonderbezahlungen garantieren und noch andere Dinge, die angenehm, aber schwerlich mit dem normalen Parlamentsverständnis zu vereinbaren sind. Mit etwa 2 000 Parlamentariern außerhalb des kommunalen Bereichs und etwa 10 000 parlamentarischen Bediensteten, von denen die Mehrzahl Parteigänger sein dürften, ist ein Koloss von staatsfinanzierten Parteileuten entstanden, gegen den die normale Mitgliedschaft keine Chance hat.

Ich halte diese Entwicklung für korrekturbedürftig. Und Korrekturen sind auch möglich, ohne dass man in eine naive oder gar parteienfeindliche Position zurückfallen müsste. Das System neigt in seiner herrschenden Schicht zu einem beamtenmäßigen Sicherheitsdenken, das für manche Bereiche verständlich, für eine gute Politik aber alles andere als förderlich ist.

Zum Zustand der Verfassung im Blick auf Europa

Ich weiß nicht, ob Ihnen aufgefallen ist, dass wir jahrzehntelang, offensichtlich ohne groß nachzudenken, die Politiker davon haben reden lassen, dass wir voranschreiten sollten zu einem vereinten Europa. Das ist ein schönes Bild der Geradlinigkeit. Was freilich das Ziel dieses Weges betrifft, so sind die Politiker, die so fleißig voranschreiten wollten, die Antwort bisher schuldig geblieben.

Ich denke, wir kommen nicht umhin, anzuerkennen, dass wir uns auf dem Weg zu einem europäischen Bundesstaat befinden, und ich bin ganz sicher, dass wir dort eher ankommen werden, als die deutsche Staatsrechtslehre bereit ist anzuerkennen. Auf der vorletzten Staatsrechtslehrertagung wurde ein Arbeitskreis „Europäische Verfassung" ins Leben gerufen und bei der Vorstellung, was dieser Arbeitskreis nun tun solle, fehlte der Hinweis, dass man, wenn man nicht nur defensiv denkt, sondern - sei es auch nur aus Vorsicht - auch positive Alternativen ins Auge fasst, sich ja vielleicht auch etwas zu unseren Anforderungen an eine europäische Verfassung einfallen lassen soll. Dazu gäbe das Grundgesetz Anlass genug. Die Präambel sagt, auch nach der Neufassung, dass die Bundesrepublik von dem Willen beseelt sei, „als gleichberechtigtes Mitglied in einem vereinten Europa" dem Frieden der Welt zu dienen. Es ist hier nicht die Rede von einem einigen Europa, sondern von einem vereinten Europa, und wir wollen nach dieser Präambel, der einige ja nicht müde werden, Normqualität zuzusprechen, gleichberechtigtes Glied in einem solchen vereinten Europa sein. Klingt das nicht wie eine bundesstaatliche Vision, und gibt es nicht auch Anlass, darauf zu pochen, dass wir wirklich gleichberechtigt sind und daher zum Beispiel nicht einen Abschlag bei den Abgeordneten des Europäischen Parlaments akzeptieren können, weil wir so groß sind?

Auch der neue Artikel 23 GG sagt, dass die Bundesrepublik „bei der Entwicklung der Europäischen Union" mitwirkt, also nicht etwa nur „mitwirken kann". Was ist eine Europäische Union anderes als ein bundesstaatliches Gefüge? Was ihm noch fehlt, ist die eigenständige demokratische Legitimation, und auch hier macht man Schritt für Schritt den Weg zu einem wenigstens andeutungsweise parlamentarischen Regierungssystem.

Auf das Bundesverfassungsgericht wird man sich nicht verlassen können. Es hat zwar eine Verfassungsbeschwerde gegen den Maastricht-Vertrag zum Erstaunen vieler für zulässig erachtet, um eine höchst defensive Haltung formulieren zu können; das hat freilich nur so lange gehalten, bis der Euro politisch durchgesetzt war und man nun lieber auf Unzuständigkeit plädierte, um sich nicht peinlichen Gegenfragen ausgesetzt zu sehen.

Wir geben wesentliche Politikfelder an Europa ab; mit der Währungsunion werden zwangsläufig weitere große Felder folgen, und wir tun dennoch so, als würden wir uns weiterhin an einem kleinen Bündnis beteiligen. Die Politik hat dem selbstverständlich Vorschub geleistet, indem sie jegliche ernstliche Debatte über das Ziel unseres Weges erst gar nicht aufkommen ließ. Der Euro wurde per Propaganda durchgesetzt, nicht kraft Überzeugung.

Sollte in dieser Situation nicht eine Reformdebatte über das Grundgesetz Klarheit verschaffen, wie weit wir gehen wollen?

Vom Sinn, heute noch über Artikel 146 GG zu sprechen

Artikel 146 GG spricht von einer besonderen Form der Verfassungsgebung. Nun haben wir seit 50 Jahren eine Verfassung und sie gilt auch „für das gesamte deutsche Volk", wie das Grundgesetz gleich an zwei Stellen konstatiert, nämlich in Satz 3 der „neuen" Präambel ebenso wie - wortgleich - in Artikel 146 GG selbst. Sollte man nun das Volk aktivieren, nur damit es die geltende Verfassung auch offiziell und quasi notariell beglaubigt? Schwächt man damit nicht nur die geltende Verfassung, weil wir sie auf diese Weise quasi als defizitär bezeichnen, und zwar unabhängig davon, wie hoch die Zustimmung, ja auch nur die Beteiligung an einem solchen Unternehmen wäre? Lohnt es sich überhaupt, dafür das Volk zu aktivieren? Wird es sich nicht für dumm verkauft vorkommen?

Artikel 146 GG ist heute nur noch interessant als ein Instrument der Verfassungspolitik. In diesem Punkte wird er seine Bedeutung auch nicht verlieren; sie kann sogar eine gewisse Brisanz gewinnen.

Das bedarf der Begründung. Würde man zum einen die verfassungspolitische Notwendigkeit einer durchgreifenden Verfassungsreform nachweisen können und zugleich nachweisen, dass sie nach Lage der Dinge über den normalen Weg der Verfassungsänderung nach Artikel 79 GG nicht realisierbar ist, wäre ein lohnendes Feld für Artikel 146 GG gefunden.

Lassen sie uns versuchen, diesen doppelten Nachweis zu führen.

Zur Möglichkeit einer Generalüberholung durch Verfassungsänderung nach Art. 79 GG

Wenn Sie mir in der Notwendigkeit einer Generalüberholung des Grundgesetzes auch nicht in allen Punkten gefolgt sind, so glaube ich doch, dass hinreichend viel übrig bleibt und vielleicht der eine oder andere von Ihnen andere Gravamina stärker wertet als ich, so dass sich die Frage der Korrekturmöglichkeit stellt. Es wäre nur frustrierend, der Notwendigkeit ins Auge zu sehen, um dann feststellen zu müssen, dass keine Realisierungschance besteht.

Lässt man auch nur die ersten drei der abgehandelten Schwachpunkte Revue passieren, nämlich den Zustand des Föderalismus, den der Finanzverfassung und den des Parteienstaates, so dürfte evident sein, dass eine etwas grundsätzlichere Reform auf dem normalen Weg des Artikels 79 GG, also durch ein Verfassungsänderungsgesetz, zwar theoretisch eine, aber praktisch keine hinreichende Aussicht auf Erfolg hat. Für keine relevante Änderung, die sich dieser drei Politikfelder annimmt, würde man eine Zustimmung von zwei Dritteln der Mitglieder des Bundestages und zwei Dritteln der Stimmen des Bundesrates erhalten. Das Scheitern wäre vorprogrammiert, keinesfalls freilich in allen Fällen in jedem der beiden Verfassungsorgane. Eine Korrektur des föderalen Systems könnte im Deutschen Bundestag durchaus die notwendige Zweidrittelmehrheit erhalten, schwerlich aber im Bundesrat. Bei der Finanzverfassung würden, wenn nicht eindeutige Vorteile für den Bund oder für die Länder die Folge wären, vermutlich in beiden Verfassungsorganen eine so hohe Mehrheit nicht zustande kommen und bei dem Versuch, die parteienstaatlichen Wucherungen anzugehen, würde der Bundesrat sicher höflicherweise das Scheitern durch den Deutschen Bundestag besorgen lassen. Was die europäische Frage angeht, so schätze ich unsere tapferen Politiker so ein, dass sie lieber die Finger davon lassen, als diese Frage zu thematisieren, weil sie in den großen Parteien mit Sicherheit, möglicherweise aber auch in den kleinen Parteien, höchst unterschiedliche Meinungen produzieren würde, die sich schwerlich kompromißhaft wieder zusammenführen lassen. Ich schätze die politischen Parteien so ein, dass es ihnen ganz recht wäre, wenn wir morgens aufwachten und echte europäische Staatsbürger wären und keiner so recht wüsste, wie es nun eigentlich passiert sei.

Nun kennt die Verfassung freilich noch eine andere Möglichkeit, über die eine Generalüberholung gelingen könnte, nämlich den von vielen für ominös gehaltenen Artikel 146 GG. Ihn zu nennen, wirkt freilich so, als würde man einem repräsentationssüchtigen Teufel mit dem Weihwasserwedel drohen und dem plebiszitärsüchtigen die schönste Droge anbieten. Setzt man sich jenseits dieser Aufgeregtheiten mit dem Artikel auseinander, so muss man eine Antwort auf drei Fragen finden, nämlich, ob er überhaupt noch gilt, ob die dort vorgesehene Verfassungsgebung, falls das der Fall ist, an die Grenzen des Artikels 79 III GG gebunden ist, und schließlich und durchaus schwieriger, wie denn eine solche Verfassungsänderung zu bewerkstelligen wäre, damit sie überhaupt zustande kommen kann und nicht die selben Hemmnisse eintreten, die wegen der Mehrheitserfordernisse in Artikel 79 II GG prognostiziert wurden; denn dann könnte man den Artikel 146 GG vergessen und ihn ruhen lassen.

Art. 146 GG: Eine weginterpretierte Verfassungsnorm?

Die erste Frage ist, ob sich Dornröschen aufwecken lässt oder ob der Prinz, schiebt man die Ranken zur Seite, vor einer schönen Leiche steht. In allen Textausgaben ist der

Artikel 146 GG noch vorhanden. Er hieß bis zum Einigungsvertrag, also bis zum Jahre *1990: „Dieses Grundgesetz verliert seine Gültigkeit an dem Tage, an dem eine Verfassung in Kraft tritt, die von dem deutschen Volke in freier Entscheidung beschlossen worden ist."* Im Einigungsvertrag ist der Artikel 146 GG um einen Halbsatz ergänzt worden und lautet nun: „Dieses Grundgesetz, *das nach Vollendung der Einheit und Freiheit Deutschlands für das gesamte deutsche Volk gilt,* verliert seine Gültigkeit ..." usw. Damit ist der Geltungsanspruch des Grundgesetzes, „für das gesamte deutsche Volk" postuliert.

Was macht ein Staatsrechtslehrer, wenn er einen Artikel des Grundgesetzes für fatal hält. Er schafft ihn ab. Wie macht man das? Die eleganteste Form ist, man erklärt ihn für obsolet, seine Wirkung habe sich erschöpft. Die Schwierigkeit dieser These besteht darin, dass die Erschöpfung durch Nichtnutzung zustande gekommen sein soll. Das ist natürlich nicht einfach zu vermitteln. Also sagt man, das Grundgesetz hat für die Vereinigung zwei Wege angeboten, der eine Weg führt über Artikel 23 Satz 2 GG a. F. und der andere Weg über 146 GG. Da nun der eine Weg gegangen worden ist, nämlich der über Artikel 23 Satz 2 GG a. F., ist der andere nicht mehr gangbar, da man schon am Ziel ist. Man kann sich eben nicht gleichzeitig mit dem Auto *und* der Eisenbahn bewegen. Das ist durchaus logisch, aber die beste Logik nutzt nichts, wenn die Prämisse falsch ist. Dass sie falsch ist, werde ich im Folgenden zu beweisen versuchen.

Weder Artikel 23 Satz 2 GG a. F., noch Artikel 146 GG weisen Wege zur Vereinigung der beiden Teile Deutschlands auf. Vielmehr verhalten sich beide zur Frage, was mit dem Grundgesetz in einem solchen Falle passiert oder passieren kann. Die Vereinigung ist ein staatsrechtlicher Akt. Sie wäre auch möglich gewesen, ohne dass Artikel 23 Satz 2 GG a. F. oder Artikel 146 GG aktiviert worden wäre, wenn nämlich das Völkerrechtsubjekt Bundesrepublik Deutschland und das Völkerrechtsubjekt Deutsche Demokratische Republik einen Vertrag geschlossen hätten, in dem sie sich zu einem neuen Staat vereinigten. Wenn man der von mir für falsch gehaltenen Rechtsprechung des Bundesverfassungsgerichtes zum Rechtsnormcharakter des entsprechenden Vereinigungsauftrages der alten Präambel zuneigt, dann hätte man kaum Gründe gehabt, ein solches Angebot auszuschlagen. Wir sind davon verschont geblieben, weil die DDR zu marode war, einen solchen Vertrag auch nur anzubieten. Sie war im Übrigen so schwach, dass jeglicher Vertrag, der mit ihr geschlossen wurde, und also auch der Einigungsvertrag, ein außerordentlich ungleicher Vertrag werden musste.

Artikel 23 GG a. F. und Artikel 146 GG sind also keine Wege *zur* Vereinigung, sondern bieten *bei* einer staatsrechtlichen Vereinigung Modalitäten auf dem Gebiete des Verfassungsrechts an. Eine andere Modalität wäre gewesen, in dem Vertrag zwischen der Bundesrepublik und der DDR eine Verfassung zu vereinbaren, wie das in der deutschen Verfassungsgeschichte ja durchaus ein Vorbild hat. In einem solchen Falle hätte man höchstens überlegen können, ob die bundesrepublikanische Seite wegen Artikel 146 GG gehalten gewesen wäre durchzusetzen, dass die neue Verfassung das Plazet einer Volksabstimmung oder jedenfalls einer vom Volk gewählten Nationalversammlung erhält. Der Artikel 23 Satz 2 GG a. F. wäre in einem solchen Falle tatsächlich obsolet geworden, weil sich die Möglichkeit von Beitritten erschöpft hat, da wir ja nicht davon ausgehen, dass etwa Ostpreußen oder Schlesien wieder beitreten könnten.

Auch Artikel 23 Satz 2 GG a. F. regelt nicht den Beitritt, sondern setzt ihn voraus. Die DDR ist auch nicht dem Grundgesetz beigetreten, dann wäre ein Inkraftsetzen überflüssig geworden, sondern, wie es in dem DDR-Gesetz etwas komisch heißt, dem „Geltungsbereich des Grundgesetzes". Nun war der Beitritt mitsamt der Konsequenz der Erstreckung der Geltung des Grundgesetzes auf die beigetretenen Teile Deutschlands die einfachste Lösung, die man ohne großen Aufwand erreichen konnte. Da sich alle unter einem außenpolitischen Zeitdruck wähnten, war diese Variante auch konsequent und nach Lage der Dinge die vernünftigste. Da Artikel 146 GG keinen Weg zur Vereinigung bot, sondern lediglich das Verhältnis des unter ungewöhnlichen und für eine Verfassungsgebung fast desaströsen Bedingungen entstandenen Grundgesetzes zu einer folgenden, unter normalen Bedingungen zustande gekommenen Verfassung regelt, nämlich im Sinne der automatischen Ersetzung des Grundgesetzes, konnte diese Bestimmung weder von dem Beitritt der DDR noch von der Inkraftsetzung des Grundgesetzes, zu dem sich ja die Verfassungsgebung im Sinne des Artikels 146 GG gerade verhalten sollte, berührt werden.

Besonders kurios in der Debatte ist, dass die eine Seite behauptet, die Einfügung des Halbsatzes, wonach das Grundgesetz nach der Vollendung der Einheit und Freiheit Deutschlands für das gesamte deutsche Volk gilt, habe die Weitergeltung des Artikels 146 GG bestätigt, weil man ja schließlich keinen Artikel um eine beschreibende Aussage ergänze, den man gerade als obsolet geworden betrachte, während die andere Seite meint, mit diesem Halbsatz sei klargestellt worden, dass wir jetzt eine gesamtdeutsche Verfassung haben und also keine neue brauchten. Ich will Sie nicht mit dem Gehirnschmalz belasten, der auf diese Frage verwendet worden ist, weil die zweite Variante ein solches Maß an Absurdität enthält, dass man sie besser der Vergessenheit anheim fallen lässt. Spätestens der Hinweis, dass der Einschub etwas ganz anderes thematisiert, als Artikel 146 GG selbst regelt, hätte die Abwegigkeit der Überlegung deutlich gemacht. Das „nach Vollendung der Einheit und Freiheit Deutschlands" des Einschubs nimmt Bezug auf den letzten Satz der alten Präambel, der das ganze Deutsche Volk für aufgefordert hält, „in freier Selbstbestimmung die Einheit und Freiheit Deutschlands zu vollenden". Mit Freiheit ist hier nicht die grundrechtliche Freiheit, also eine der Freiheit verpflichtete Verfassung, sondern die Freiheit von Besatzungsmächten gemeint. Nun ist evident, dass nach der Ablösung der letzten besat-zungsrechtlichen Regeln die Freiheit und nach dem Beitritt die Einheit vollendet ist. Das alles hat aber nichts damit zu tun, dass das Grundgesetz nicht von dem Deutschen Volk in freier Entscheidung beschlossen worden ist. Vielmehr ist ein unter sehr anderen Bedingungen entstandenes Grundgesetz lediglich in seinem Geltungsbereich auf ganz Deutschland erstreckt worden.

Nun wird schließlich noch, um Artikel 146 GG unschädlich zu machen, argumentiert, das deutsche Volk der alten Bundesrepublik habe sich, wie man spätestens an der kontinuierlich hohen Wahlbeteiligung sähe, mit dem Grundgesetz identifiziert und das Volk der neuen Bundesländer habe eben dies durch den Beitritt getan. Ich will einmal meine Verwunderung darüber, was Kollegen glauben, alles über das Volk zu wissen, beiseite lassen, und auch die Tatsache negieren, dass keineswegs das Volk der neuen Bundesländer den Beitritt erklärt hat, sondern der Einigungsvertrag mitsamt seinen Verfassungsänderungen von einer sehr kleinen Gruppe von Politikern und Bürokraten ausgearbeitet und lediglich von der entsprechenden Volksvertretung beschlossen worden ist. Viel einfacher ist der Einwand, dass es bei Artikel 146 GG nicht darum geht, einer schon bestehenden Verfassung zuzustimmen, sondern darum, mindestens die Chance zu haben, als Volk eigene Ideen der Verfassungsgestaltung anzubringen.

Als allerletztes „Argument", dem Artikel 146 GG den Garaus zu machen, wird auf die allemal bestehende Verfassungssouveränität des Volkes verwiesen; es könne doch sowieso jederzeit eine neue Verfassung geben. Ich will mich zur Abkürzung weder darauf einlassen, wie es mit der Verfassungssouveränität des deutschen Volkes tatsächlich bestellt ist, noch will ich der Frage nachgehen, ob der Artikel wegen dieses Grundes nur überflüssig oder wegen gravierender Unsinnigkeit nichtig wäre. Es genügt der Hinweis, dass Artikel 146 GG die originäre Verfassungsgebung durch das deutsche Volk vor dem Verdikt der Revolution schützt. Die dieses Argument benutzen, wären die Ersten, die den Staat zum Eingriff gegen das aufmüpfige Volk aufriefen. Denn bekanntlich sind Revolutionen solange rechtswidrig, solange sie nicht gesiegt haben.

Dornröschen ist also keine schöne Leiche, sondern muss nur wachgeküsst werden. Es könnte freilich - seinem Namen auf eine andere Art Rechnung tragend - selbst voller Dornen sein, wenn nämlich die These stimmte, dass für die Verfassungsgebung nach Artikel 146 GG die Regeln des Artikel 79 III GG gelten würden. Dies wird tatsächlich von einigen Kollegen vertreten, wobei der Begründungsaufwand klugerweise gering gehalten wird, wenn er überhaupt für nötig erachtet wird.

Gegen diese These könnte man sich schon formal mit dem Hinweis begnügen, dass Artikel 79 III GG nur für *Grundgesetzänderungen* gilt und Artikel 146 GG in seiner Auswirkung eben keine Grundgesetzänderung, sondern die Neuschaffung einer Verfassung thematisiert. In der Sache liegt der Witz des Artikel 146 GG gerade darin, dass das Grundgesetz selbst sich seines Geburtsfehlers bewusst ist und sich deshalb selbstverständlich *insge*samt zur Disposition einer Verfassung stellt, die die beiden wesentlichen Handicaps der Entstehung des Grundgesetzes beseitigt, nämlich dass es nicht vom deutschen Volk, sondern von einem Rat beschlossen worden ist, der den Auftrag von den Ministerpräsidenten der Länder und keineswegs vom Volk hatte, und dass dieser Beschluss unter der Oberaufsicht fremder Mächte gestanden hat. Außerdem darf ich darauf hinweisen, dass Artikel 79 III GG sehr unterschiedlich wichtige Materien nennt und es gar nicht einzusehen wäre, dass zum Beispiel „die grundsätzliche Mitwirkung der Länder bei der Gesetzgebung", gemeint ist offensichtlich die des Bundes, für alle Ewigkeit feststehen soll, obwohl man sich eine Aufteilung der Gesetzgebungskompetenzen und der Verwaltungskompetenzen vorstellen könnte, die keinen Sinn gäbe, die Länder an der Gesetzgebung des Bundes mitwirken zu lassen. Man kann also getrost davon ausgehen, dass das in Artikel 146 GG genannte deutsche Volk, wenn es denn in freier Entscheidung tätig wird, souverän ist in der Gestaltung der Verfassung.

Verfassungshinweise zur Aktivierung des Volksrechtes

Daher konzentriert sich alles auf die Frage, wie man denn eine solche Verfassungsgebung bewerkstelligen könnte, ohne dass automatisch die oben gezeigten Schwächen oder vielleicht gar noch schlimmere auftreten. Ich glaube, man muss sich zunächst den einzelnen Aussagen des Artikel 146 GG etwas näher widmen, um zu sehen, welche Fingerteige die Verfassung selbst gibt. Es ist evident, dass es keinen Sinn gibt, eine Verfassung zur Disposition einer anderen zu stellen, wenn die Entstehungsbedingungen sich kaum voneinander unterscheiden. Deshalb wird man von Artikel 146 GG erwarten müssen, dass es diese Unterscheidungsmerkmale formuliert. Das ist auch der Fall, und zwar sind es zwei Unterscheidungsmerkmale, die nicht miteinander zusammenhängen.

Das eine Unterscheidungsmerkmal ist, dass die Verfassung nach Artikel 146 GG „in freier Entscheidung" beschlossen werden muss. Wie wir schon gesehen haben, ist das der Rückgriff auf den letzten Satz der alten Präambel, wonach wir aufgefordert werden, die „Freiheit Deutschlands" zu vollenden. Dies war dem Parlamentarischen Rat nicht möglich, weil sowohl die Erlaubnis zur Verfassungsgebung von den drei westlichen Besatzungsmächten stammte, als auch klar war, dass der Inhalt der Verfassung ihrer Genehmigung unterlag. So ist auch bekannt, dass die Besatzungsmächte in wichtigen Angelegenheiten der Staatsorganisation durchaus und zum Teil massiven Einfluss ausgeübt haben. Das trifft zum Beispiel alles das, was mit der föderalen Gestaltung des Bundes zusammenhängt.

Das zweite Unterscheidungsmerkmal zum Grundgesetz ist, dass die nach Artikel 146 GG zu schaffende Verfassung „von dem deutschen Volk in freier Entscheidung beschlossen" sein muss. Diese Formulierung reagiert auf das zweite Handicap des Grundgesetzes. Der Wunsch zur Verfassungsgebung ist von den Alliierten ausgegangen. Nach dem Bruch der Allianz gegen Hitler wollten die Westalliierten den von ihnen besetzten Teil Deutschlands in die westliche Allianz einbeziehen. Über den Teil in der Hand des neuen Feindes, der Sowjetunion, konnte man nicht verfügen. Die Einbeziehung in die westliche Allianz setzte aber eine gewisse Eigenständigkeit Westdeutschlands voraus, und dies sollte durch eine Verfassung und damit den Aufbau eines Weststaates ermöglicht werden. Die Ministerpräsidenten der Länder haben sich diesem

Ansinnen so lange widersetzt, solange die regierende Bürgermeisterin von Berlin die These vertrat, dass mit einer isolierten Verfassungsgebung für die westlichen Besatzungszonen Berlin dem sowjetischen Zugriff insgesamt ausgesetzt sei. Erst als der ihr im Amt folgende Ernst Reuter die umgekehrte These vertrat, dass nur ein neu organisiertes und stabiles Westdeutschland wenigstens den Westteil Berlins sichern könne, stimmten die Ministerpräsidenten einer Verfassungsgebung zu. Das Volk ist nicht gefragt worden, ob es überhaupt einen isolierten Weststaat haben wolle, noch, ob es denn und wie es eine Verfassung wünsche. Vielmehr haben die Landtage, die nicht unter diesem Gesichtspunkt gewählt worden sind, die Mitglieder des Parlamentarischen Rates entsandt, und der Parlamentarische Rat ist sich dieser seiner Legitimationsschwäche durchaus bewusst gewesen. Es sind prominente und des Umstürzlertums gewiss nicht verdächtige Mitglieder des Parlamentarischen Rates gewesen, nämlich Dehler und von Brentano, die - vergeblich - darauf bestanden haben, dass bei diesem Geburtsfehler der Entstehung des Grundgesetzes wenigstens das Volk über das Ergebnis abstimmen müsse. Wie schon gezeigt, ist das nicht geschehen, und zwar aus der Furcht, dass das Volk noch nicht reif sei, eine solche Entscheidung zu fällen. Artikel 146 GG ist insofern die Kompensation für dieses aus der Lage erzwungene rabiate Vorgehen.

Von den beiden Fingerzeigen des Artikels 146 GG hat der Hinweis auf die notwendig „freie Entscheidung" des Volkes seine Bedeutung verloren. Deutschland ist souverän, und soweit wir auf Teile der Souveränität etwa zugunsten Europas verzichtet haben, geschah es freiwillig.

Es bleibt die Forderung, dass die neue Verfassung Produkt einer freien Entscheidung *des Volkes* sein soll. Der traditionelle Weg wäre, wenn der deutsche Bundestag ein Ausführungsgesetz zu Artikel 146 GG machte. Vielleicht ist er sogar dazu verpflichtet, solange sich das Volk nicht selbst die Regeln geben kann; denn eine ausführungsfähige, aber nicht ausführbare Bestimmung ist dem Grundgesetz sonst fremd. Das Gesetz könnte den Bundestag zur Erarbeitung eines Entwurfs verpflichten, der dann dem Volk zur Entscheidung vorzulegen wäre, oder aber das Gesetz verlangte die Wahl eines Nationalkonvents, dessen Vorschlag endgültig oder wiederum dem Volk vorzulegen wäre. Letzteres hielte ich für sinnvoller, weil der notwendige Volksentscheid die Arbeit des Konvents disziplinieren und weil dem Artikel 146 GG dadurch im Vollsinne Rechnung getragen würde. Der deutsche Bundestag könnte dem Konvent, was ich für vernünftig hielte, nahe legen, die Verfassungsgebung als eine Art Generalüberholung des Grundgesetzes anzusehen. Dazu verpflichten könnte er ihn schwerlich.

Selbstverständlich lässt sich eine Reihe von Variationen denken. Darum kann es hier nicht gehen. Vielmehr ist der Blick zurückzuwenden auf die Reformnotwendigkeiten, die zu Beginn aufgezeigt worden sind. Könnte ihnen ein solches oder ähnliches Verfahren Rechnung tragen oder sitzen im Nationalkonvent dann doch wieder dieselben Leute, die schon unter der Geltung des Artikels 79 GG jegliche relevante Reform verhinderten?

Ich glaube nicht, dass das Unternehmen einen Sinn macht, wenn man nicht bei der Erarbeitung der Verfassung Inkompatibilitäten vorsieht. Es gibt keinen Sinn, Personen über eine Korrektur des Systems entscheiden zu lassen, deren Berufsexistenz von der Entscheidung abhängt oder jedenfalls gravierend betroffen werden kann. Sollte man ernsthaft hohen Ministerialbeamten der Länder oder Abgeordneten von Landtagen abfordern, über die Aufgabe ihres Landes nicht nur nachzudenken, sondern auch positiv zu votieren? Sollte man von staats- oder parteifinanzierten Parteileuten erwarten können, dass sie die Grundlagen ihrer beruflichen Existenz in Frage stellen oder gar gefährden? Zum „Volk" im Sinne des Artikels 146 GG gehören sie selbstverständlich auch und ebenso selbstverständlich dürften sie bei einem Volksentscheid mit abstimmen, aber das Volk sind im Wesentlichen die anderen. Da man sowieso bei der Erarbeitung einer neuen Verfassung, ganz gleich, wie man sie organisiert, eines sachkundigen Apparates bedarf, würde auch diese Personengruppe nicht ohne Einfluss sein.

Wem dies alles zu revolutionär und im Blick auf den deutschen Bundestag, der das beschließen müsste, auch illusionär erscheint, den darf ich auf eine Konsequenz der schon erwähnten Überlegung, direktdemokratische Elemente im Bund einzuführen, verweisen. Ein drohender Volksentscheid zur Ausführung des Artikels 146 GG könnte dem deutschen Bundestag durchaus Beine machen.

Vielleicht sollte man sich auch aus diesem Grunde über die Optionen, die wir haben, unterhalten.

2. Visionen – „Blaupausen" einer neuen Gesellschafts-Architektur

Nachfolgend wird eine kleine Auswahl ethisch fundierter, gemeinwohl-orientierter, gesellschaftlicher Visionen vorgestellt. Sie sollen zur konstruktiven Diskussion und intensiven Reflexion einladen. Der Katalog der Visionen ist damit eröffnet. Die „Initiative-Verfassungskonvent" hat weitere Visionen zusammentragen („Visionen-Reader II") und diese ebenfalls zur intensiven Reflexion und Diskussion bzw. Auseinandersetzung mit ihnen veröffentlicht. Dazu finden entsprechende „Diskussion-Foren" unter www.visionsofpolitics.de ; außerdem im Internet auf der Seite www.initiative-verfassungskonvent.de statt.

2.1 Die Vision der „Erd-Charta"[3] - Was ist die „Erd-Charta" ?

Die Erd-Charta versteht sich als eine inspirierende Vision grundlegender ethischer Prinzipien für eine nachhaltige Entwicklung und sie soll ein verbindlicher Vertrag der Völker auf der ganzen Welt werden. Grundlegend sind die Achtung vor der Natur, die allgemeinen Menschenrechte, soziale und wirtschaftliche Gerechtigkeit und eine Kultur des Friedens.

Die Grundsätze der Erd-Charta ergeben zusammen ein Konzept für eine nachhaltige Entwicklung und stellen grundlegende Richtlinien für den Weg dorthin dar. Diese

---

[3] Ökumenische Initiative Eine Welt e.V. und BUND - Bund für Umwelt und Naturschutz Deutschland, Die Erd-Charta, 4. Auflage, Mai 2003, www.erdcharta.de, Mittelstr. 4, 34474 Diemelstadt-Wethen

Grundsätze sind hergeleitet aus dem Völkerrecht, aus Wissenschaft, Philosophie, Religion, UN-Gipfeltreffen und den bisherigen Erd-Charta-Gesprächen über eine globale Ethik.

Die Erd-Charta stellt fest, dass die ökologischen, ökonomischen, sozialen, kulturellen, ethischen und spirituellen Probleme und Hoffnungen der Menschheit eng miteinander verbunden sind. Die Herausforderungen zu Freiheit, Gerechtigkeit und Frieden sind eng verknüpft mit dem Schutz der Umwelt und der Sorge um das wirtschaftliche Wohlergehen. Nur in einer globalen Partnerschaft und in gemeinsamer Verantwortung können umfassende Lösungen gefunden werden.

Die Initiative für eine Erd-Charta hat weltweit bereits eine längere Geschichte:
Im Jahr 1987 schlug die Weltkommission der Vereinten Nationen für Umwelt und Entwicklung in ihrem Abschlussbericht, dem sog. Brundtland-Bericht, eine Charta der Erde vor, die die Fragen von Umwelt und Entwicklung auf Dauer stärker miteinander vernetzen sollte. Die Brundtland-Kommission hat auch die Zielvorstellungen von einer „nachhaltigen Entwicklung" (sustainable development) zum ersten Mal populär gemacht. Nachhaltige Entwicklung wurde zum führenden Leitbild der UN-Konferenz für Umwelt und Entwicklung (UNCED) 1992 in Rio de Janeiro. In dem Handlungsprogramm „Agenda 21" wurde es weiter konkretisiert und danach weltweit in vielen lokalen, regionalen und nationalen Agenda 21-Prozessen im Idealfall mit Leben erfüllt.

Mit der Erd-Charta sollte ein grundlegender und verbindlicher ethischer Rahmen für die verschiedenen Aufgaben und Anliegen der „Agenda 21" beschrieben und vereinbart werden. Das ist im ersten Anlauf nicht gelungen. Trotz der Anstrengungen von Regierungsvertretern und Nichtregierungsorganisationen gab es in Rio 1992 noch zu viele inhaltliche Streitpunkte, um sich auf einen gemeinsamen Text zu verständigen. Insbesondere Gruppen aus den so genannten Entwicklungsländern sahen sich in der ersten Erd-Charta nicht repräsentiert.

Nach ersten Enttäuschungen kamen dann neue Impulse für eine Erd-Charta-Initiative vom „Rat der Erde" (Earth Council in Costa Rica) und vom „Internationalen Grünen Kreuz"" (eine Art „Rotes Kreuz der Umwelt", 1992 von Michail Gorbatschow ins Leben gerufen); gemeinsam engagierten sie sich weiter für die Entwicklung einer Erd-Charta. Unterstützt wurden sie dabei auch durch die niederländische Regierung.

Bei einem gemeinsamen Treffen mit anderen NRO's wurde 1995 in Den Haag eine Kommission für die Erd-Charta gegründe,t mit dem Auftrag, in den nächsten Jahren eine weltweite Konsultation durchzuführen und den Entwurf einer Erd-Charta vorzulegen. Das Sekretariat dieser Kommission befindet sich bis heute beim „Earth Council" in Costa Rica.

Es wurde eine breite Diskussion in allen Erdteilen initiiert, in deren Verlauf 1997 ein erster und 1999 ein zweiter

Textentwurf vorgelegt wurde. Hunderte von Organisationen und Gruppen und Tausende von Einzelpersonen nahmen an diesem Prozess teil. Im März 2000 wurden bei einem Treffen der Kommission in Paris die letzten Eingaben eingearbeitet und die Erd-Charta in einer endgültigen Fassung veröffentlicht. Der offizielle „Stapellauf" fand im Juni 2000 im Friedenspalais in Den Haag statt.

Ursprünglich war es ein Ziel der internationalen Initiative, eine Bestätigung der Erd-Charta durch den „Weltgipfel für Nachhaltige Entwicklung" in Johannesburg (2002) zu erreichen. Die Erd-Charta ist aber als Dokument nicht offiziell in Johannesburg diskutiert und verabschiedet worden. Trotzdem hat sie dort Spuren hinterlassen und hat während des Konferenzgeschehens in Johannesburg an vielen Stellen eine bedeutende und inspirierende Rolle gespielt. In einer ganzen Reihe von Erklärungen wurde sie unterstützend erwähnt. So haben z. B. Vertreterinnen und Vertreter von Städten und Kommunen aus der ganzen Welt dazu aufgerufen, sich an den Werten und Prinzipien der Erd-Charta zu orientieren („Johannesburg Call").

Bei mehreren Gelegenheiten und Events konnte die Erd-Charta in Johannesburg besonders präsentiert werden.

Ein offizielles Ergebnis von Johannesburg ist – als so genanntes Typ 2-Abkommen – auch die Vereinbarung eines mehrjährigen Bildungsprogramms: „Educating for Sustainable Living with the Earth Charter". Unter Federführung des internationalen Erd-Charta-Sekretariats in

Costa Rica soll dieses Programm in Zusammenarbeit mit einigen Regierungen, vielen NGO's und auch mit der UNESCO umgesetzt und mit Leben erfüllt werden. An vielen Orten der Welt wurden inzwischen gute Erfahrungen in der Bildungsarbeit mit der Erd-Charta gesammelt. Insgesamt wurde und wird die Erd-Charta von vielen Organisationen für Bildung und Erziehung als ein sehr wichtiges und hilfreiches Instrumentarium für eine Bildung für Nachhaltige Entwicklung begrüßt.

Deswegen soll der vorliegende Text auch weiterhin ein „empowering document" sein; er soll in einer weltweiten Initiative Menschen zeigen, wie sie in einer nachhaltigen Art und Weise zusammenleben können, und er soll einen breiten Dialog über gemeinsame Werte fördern.

Dieses Anliegen ist getragen von der Hoffnung, dass immer mehr Menschen, Gruppen und Initiativen, Institutionen und Regierungen dieser ganzheitlichen ethisch-ökologischen Betrachtungsweise zustimmen.

Inzwischen gibt es über sechzig nationale Erd-Charta-Komitees, die diese Initiative mittragen und vor Ort ins Gespräch bringen.

Nachdem es in einem weltweiten Dialogprozess gelungen ist, eine Erd-Charta zu entwerfen, die in knappen Worten eine inspirierende Vision grundlegender ethischer Prinzipien für eine nachhaltige Entwicklung darlegt, sind heute die Ziele der internationalen Erd-Charta-Initiative:

- Die Verbreitung, Unterzeichnung (endorsement) und Umsetzung der Erd-Charta durch die Zivilgesellschaft, Wirtschaft und Regierung zu fördern.
- Mut zu machen und Hilfen zu geben, damit die Erd-Charta in Schulen, Universitäten, Glaubensgemeinschaften und anderen Zusammenhängen eingesetzt wird.
- Die Unterstützung und Anerkennung der Erd-Charta durch die Vereinten Nationen zu erreichen suchen.

So soll ein weltweiter Dialog über eine globale Ethik zum Aufbau einer nachhaltigen Welt lebendig bleiben. Wir hoffen dabei auf Ihre Mitarbeit.

Text der „Earth Charter" - Präambel

Wir stehen an einem kritischen Punkt der Erdgeschichte, an dem die Menschheit den Weg in ihre Zukunft wählen muss. Da die Welt zunehmend miteinander verflochten ist und ökologisch zerbrechlicher wird, birgt die Zukunft gleichzeitig große Gefahren und große Chancen. Wollen wir vorankommen, müssen wir anerkennen, dass wir trotz und gerade in der großartigen Vielfalt von Kulturen und Lebensformen eine einzige menschliche Familie sind, eine globale Gemeinschaft mit einem gemeinsamen Schicksal. Wir müssen uns zusammentun, um eine nachhaltige Weltgesellschaft zu schaffen, die sich auf Achtung[4] gegenüber

---

[4] Das engl. „respect" haben wir fast durchgehend mit „Achtung" übersetzt; dabei kann es im einzelnen durchaus auch die Bedeutung von „Respekt" oder „Ehr-

der Natur, die allgemeinen Menschenrechte, wirtschaftliche Gerechtigkeit und eine Kultur des Friedens gründet. Auf dem Weg dorthin ist es unabdingbar, dass wir, die Völker der Erde, Verantwortung übernehmen füreinander, für die größere Gemeinschaft allen Lebens und für zukünftige Generationen.

Die Erde, unsere Heimat

Die Menschheit ist Teil eines sich ständig fortentwickelnden Universums. Unsere Heimat Erde bietet Lebensraum für eine einzigartige und vielfältige Gemeinschaft von Lebewesen. Naturgewalten machen das Dasein zu einem herausfordernden und ungewissen Ereignis, doch die Erde bietet gleichzeitig alle wesentlichen Voraussetzungen für die Entwicklung des Lebens. Die Selbstheilungskräfte[5] der Gemeinschaft allen Lebens und das Wohlergehen der Menschheit hängen davon ab, ob es uns gelingt, eine gesunde Biosphäre zu bewahren mit all ihren ökologischen Systemen, dem Artenreichtum ihrer Pflanzen und Tiere, fruchtbaren Böden, reinen Gewässern und sauberer Luft. Die globale Umwelt mit ihren endlichen Ressourcen ist der gemeinsamen Sorge aller Völker anvertraut. Die Lebensfähigkeit, Vielfalt und Schönheit der Erde zu schützen, ist eine heilige Pflicht.

---

furcht" haben. Beides klingt aber auch in „Achtung" mit an. Der Begriff „Respekt" allein wäre uns in der Übersetzung zu wenig gewesen. Die anderen Konnotationen sind also jeweils mitzuhören.

[5] Englisch: „resilience"

Die globale Situation

Die vorherrschenden Muster von Produktion und Konsum verursachen Verwüstungen der Umwelt, Raubbau an den Ressourcen und ein massives Artensterben. Sie untergraben unsere Gemeinwesen. Die Erträge der wirtschaftlichen Entwicklung werden nicht gerecht verteilt und die Kluft zwischen Reichen und Armen vertieft sich. Ungerechtigkeit, Armut, Unwissenheit und gewalttätige Konflikte sind weit verbreitet und verursachen große Leiden. Ein beispielloses Bevölkerungswachstum hat die ökologischen und sozialen Systeme überlastet. Die Grundlagen globaler Sicherheit sind bedroht. Das sind gefährliche Entwicklungen, aber sie sind nicht unabwendbar.

Die Herausforderungen

Wir haben die Wahl: Entweder bilden wir eine globale Partnerschaft, um für die Erde und füreinander zu sorgen, oder wir riskieren, uns selbst und die Vielfalt des Lebens zugrunde zu richten. Notwendig sind grundlegende Änderungen unserer Werte, Institutionen und Lebensweise. Wir müssen uns klar machen: Sind die Grundbedürfnisse erst einmal befriedigt, dann bedeutet menschliche Entwicklung vorrangig „mehr Sein" und nicht „mehr Haben". Wir verfügen über das Wissen und die Technik, alle zu versorgen und schädliche Eingriffe in die Umwelt zu vermindern. Das Entstehen einer weltweiten Zivilgesellschaft schafft neue Möglichkeiten, eine demokratische und humane Weltordnung aufzubauen. Unsere ökologischen, sozialen und spirituellen Herausforderungen sind miteinander verknüpft, und nur zusammen können wir umfassende Lösungen entwickeln.

Weltweite Verantwortung

Um diese Wünsche zu verwirklichen, müssen wir uns entschließen, in weltweiter Verantwortung zu leben und uns mit der ganzen Weltgemeinschaft genauso zu identifizieren, wie mit unseren Gemeinschaften vor Ort. Wir sind zugleich Bürgerinnen und Bürger verschiedener Nationen und der Einen Welt, in der Lokales und Globales miteinander verknüpft ist. Jeder Mensch ist mitverantwortlich für das gegenwärtige und zukünftige Wohlergehen der Menschheitsfamilie und für das Leben auf der Erde. Der Geist menschlicher Solidarität und die Einsicht in die Verwandtschaft alles Lebendigen werden gestärkt, wenn wir in Ehrfurcht vor dem Geheimnis des Seins, in Dankbarkeit für das Geschenk des Lebens und in Bescheidenheit hinsichtlich des Platzes der Menschen in der Natur leben.

Für das ethische Fundament der entstehenden Weltgemeinschaft brauchen wir dringend eine gemeinsame Vision von Grundwerten. Darum formulieren wir in gemeinsamer Hoffnung die folgenden eng zusammenhängenden Grundsätze für einen nachhaltigen Lebensstil. Es sind Leitlinien für das Verhalten jedes Einzelnen, von Organisationen, Unternehmen, Regierungen und übernationalen Einrichtungen.

Grundsätze

I. Achtung vor dem Leben und Sorge für die Gemeinschaft des Lebens.

1. Achtung haben vor der Erde und dem Leben in seiner ganzen Vielfalt.

a. Erkennen, dass alles, was ist, voneinander abhängig ist und alles, was lebt, einen Wert in sich hat, unabhängig von seinem Nutzwert für die Menschen.

b. Das Vertrauen bekräftigen in die unveräußerliche Würde eines jeden Menschen und in die intellektuellen, künstlerischen, ethischen und spirituellen Fähigkeiten der Menschheit.

2. Für die Gemeinschaft des Lebens in Verständnis, Mitgefühl und Liebe sorgen.

a. Anerkennen, dass mit dem Recht auf Aneignung, Verwaltung und Gebrauch der natürlichen Ressourcen die Pflicht verbunden ist, Umweltschäden zu vermeiden und die Rechte der Menschen zu schützen.

b. Bekräftigen, dass mit mehr Freiheit, Wissen und Macht auch die Verantwortung für die Förderung des Gemeinwohls wächst.

3. Gerechte, partizipatorische, nachhaltige und friedliche demokratische Gesellschaften aufbauen.

a. Sicherstellen, dass die Menschenrechte und Grundfreiheiten überall gewährleistet werden und jeder Mensch die Chance bekommt, seine Begabungen voll zu entfalten.

b. Soziale und wirtschaftliche Gerechtigkeit fördern, die es allen ermöglicht, ein materiell gesichertes und erfülltes

Leben zu führen, ohne dabei ökologische Grenzen zu verletzen.

4. *Die Fülle und Schönheit der Erde für heutige und zukünftige Generationen sichern.*

a. Erkennen, dass die Handlungsfreiheit jeder Generation durch die Bedürfnisse zukünftiger Generationen begrenzt ist.

b. Künftigen Generationen Werte, Traditionen und Institutionen weitergeben, die ein langfristiges Gedeihen der Erde und der Menschheit fördern.

Um diese vier weitreichenden Selbstverpflichtungen zu erfüllen, ist Folgendes notwendig:

II. Ökologische Ganzheit[6]

5. *Die Ganzheit der Ökosysteme der Erde schützen und wiederherstellen, vor allem die biologische Vielfalt und die natürlichen Prozesse, die das Leben erhalten.*

a. Auf allen Ebenen Pläne und Regeln für eine nachhaltige Entwicklung annehmen, damit Schutz und Wiederherstellung der Umwelt integraler Bestandteil aller Entwicklungsinitiativen werden.

b. Den Bestand und die Neueinrichtung von Naturschutzgebieten und Biosphären-Reservaten fördern, auch von Wildnisgebieten und geschützten Ozeanen, um die Lebensgrundlagen der Erde zu

---

[6] engl. „ecological integrity" = Unversehrtheit, Ganzheit, Vollständigkeit; wäre nur unvollständig mit „ökologisches Gleichgewicht" zu übersetzen.

schützen, biologische Vielfalt zu erhalten und unser Naturerbe zu bewahren.

c. Die Erholung gefährdeter Artenbestände und Ökosysteme fördern.

d. Standortfremde oder genetisch manipulierte Organismen kontrollieren und entfernen, wenn sie einheimischen Arten oder der Umwelt schaden; die Ansiedlung derartiger schädlicher Organismen verhindern.

e. Erneuerbare Ressourcen wie Wasser, Boden, Wald, Lebewesen der Meere so sorgsam nutzen, dass die Erneuerungsraten nicht überschritten werden und die ökologischen Systeme stabil bleiben.

f. Nicht erneuerbare Ressourcen wie Mineralien und fossile Brennstoffe so fördern und verbrauchen, dass sie nur langsam erschöpft werden und dabei keine ernsthaften Umweltschäden entstehen.

6. *Schäden vermeiden, bevor sie entstehen, ist die beste Umweltschutzpolitik. Bei begrenztem Wissen gilt es, das Vorsorgeprinzip anzuwenden.*

Aktiv werden, um die Möglichkeit schwerer oder gar irreversibler Umweltschäden zu verhindern, auch wo wissenschaftliche Kenntnisse fehlen oder keine abschließende Risikoanalyse zulassen.

a. Die Beweislast denen auferlegen, die behaupten, ein beabsichtigter Eingriff verursache keine signifikanten Schäden. Die Verursacher von Umweltschäden sind als Verantwortliche haftbar zu machen.

b. Sicherstellen, dass vor allen Entscheidungen die kumulativen, langfristigen, indirekten, weiträumigen und globalen Folgen menschlichen Handelns gründlich erwogen werden.

c. Jede Art von Umweltverschmutzung verhindern und keine Anreicherung von radioaktiven, giftigen oder anderen gefährlichen Stoffen hinnehmen.

d. Alle militärischen Aktivitäten, die die Umwelt schädigen, vermeiden.

7. *Produktion, Konsum und Reproduktion so gestalten, dass sie die Erneuerungskräfte der Erde, die Menschenrechte und das Gemeinwohl sichern.*

Bei Produktion und Konsum Materialverbrauch reduzieren, Mehrwegsysteme und Recycling bevorzugen und sicherstellen, dass Restabfälle vom ökologischen System unbeschadet aufgenommen werden können.

a. Energie sparsam und effizient nutzen und sich zunehmend auf erneuerbare Energiequellen wie Sonne und Wind stützen.

b. Die Entwicklung, Anwendung und gerechte globale Verbreitung umweltschonender Techniken fördern.

c. Die vollen ökologischen und sozialen Kosten von Gütern und Dienstleistungen in den Verkaufspreis einbeziehen. Den Verbrauchern dadurch ermöglichen, die Produkte mit den höchsten ökologischen und sozialen Standards zu erkennen.

d. Allen Menschen Zugang zu einem Gesundheitswesen sichern, das gesunde und verantwortliche Fortpflanzung fördert.

e. Einen Lebensstil praktizieren, der die Lebensqualität und materielle Suffizienz in einer begrenzten Welt betont.

8. Das Studium ökologischer Nachhaltigkeit vorantreiben und den offenen Austausch der erworbenen Erkenntnisse und deren weltweite Anwendung fördern.

a. Die internationale wissenschaftliche und technische Zusammenarbeit zu nachhaltiger Entwicklung unterstützen und dabei die Bedürfnisse der Entwicklungsländer besonders berücksichtigen.

a. Das überlieferte Wissen und die spirituelle Weisheit aller Kulturen, die zu Umweltschutz und menschlichem Wohlergehen beitragen, anerkennen und bewahren.

b. Sicherstellen, dass alle Informationen, die wesentlich und wichtig für die menschliche Gesundheit und den Umweltschutz sind, öffentlich verfügbar bleiben, auch die genetischen Informationen.

III. Soziale und wirtschaftliche Gerechtigkeit
9. *Armut beseitigen als ethisches, soziales und ökologisches Gebot.*

Das Recht aller Menschen auf Trinkwasser, saubere Luft, ausreichende und sichere Ernährung, unvergiftete Böden, Obdach und sichere sanitäre Einrichtungen garantieren und die Bereitstellung der dafür erforderlichen nationalen und internationalen Ressourcen sicherstellen.

    a. Allen Menschen den Zugang zu Bildung und den Ressourcen für einen nachhaltigen Lebensunterhalt verschaffen. Für Menschen, die ihren Lebensunterhalt nicht selbst bestreiten können, ein Netz sozialer Sicherung bereithalten.

    b. Die Unbeachteten achten, die Verwundbaren schützen, den Leidenden dienen und ihnen ermöglichen, ihre Fähigkeiten zu entwickeln und ihre Ziele zu verfolgen.

10. *Sicherstellen, dass wirtschaftliche Tätigkeiten und Einrichtungen auf allen Ebenen die gerechte und nachhaltige Entwicklung voranbringen.*

Die gerechte Verteilung von Reichtum innerhalb und zwischen den Nationen fördern.

    a. Die intellektuellen, finanziellen, technischen und sozialen Ressourcen der Entwicklungsländer steigern und sie von drückender Schuldenlast befreien.

b. Sicherstellen, dass der gesamte Handel zum nachhaltigen Gebrauch der Ressourcen, zum Umweltschutz und zu fortschrittlichen Arbeitsbedingungen beiträgt.

c. Von multinationalen Unternehmen und internationalen Finanzorganisationen verlangen, transparent im Sinne des Gemeinwohls zu handeln, und sie gleichzeitig für die Folgen ihres Handelns verantwortlich machen.

11. *Die Gleichberechtigung der Geschlechter als Voraussetzung für nachhaltige Entwicklung bejahen und den universellen Zugang zu Bildung, Gesundheitswesen und Wirtschaftsmöglichkeiten gewährleisten.*

Die Menschenrechte von Frauen und Mädchen sichern und jede Gewalt gegen sie beenden.

a. Die aktive Teilhabe der Frauen an allen Bereichen des wirtschaftlichen, politischen, gesellschaftlichen, sozialen und kulturellen Lebens als gleichberechtigte Partnerinnen, Entscheidungsträgerinnen und Führungskräfte fördern.

b. Familien stärken und die Sicherheit und liebevolle Entfaltung aller Familienmitglieder gewährleisten.

12. *Am Recht aller - ohne Ausnahme - auf eine natürliche und soziale Umwelt festhalten, welche Menschenwürde, körperliche Gesundheit und spirituelles Wohlergehen unterstützt. Besondere Aufmerksamkeit gilt*

dabei den Rechten von indigenen Völkern und Minderheiten.

a. Jede Art von Diskriminierung unterbinden, sei es aufgrund von Rasse, Hautfarbe, Geschlecht, sexueller Orientierung, Religion, Sprache, sozialer Herkunft, nationaler oder ethnischer Zugehörigkeit.
b. Das Recht indigener Völker auf eigene Spiritualität, Kenntnisse, Ländereien und Ressourcen und ihren damit verbundenen nachhaltigen Lebensunterhalt bestätigen.
c. Die Jungen in unseren Gemeinschaften achten und unterstützen, damit sie ihre unverzichtbare Rolle beim Aufbau nachhaltiger Gesellschaften erfüllen können.
d. Stätten von herausragender kultureller und spiritueller Bedeutung schützen und wiederherstellen.

IV. Demokratie, Gewaltfreiheit und Frieden

13. Demokratische Einrichtungen auf allen Ebenen stärken, für Transparenz und Rechenschaftspflicht bei der Ausübung von Macht[7] sorgen, einschließlich Mitbestimmung und rechtlichem Gehör.

---

[7] engl. „in governance"

63

a. Am Recht eines jeden Menschen auf klare und rechtzeitige Information in Umweltbelangen und allen Entwicklungsplänen und -tätigkeiten, die ihn berühren können oder an denen er interessiert ist, festhalten.

b. Die lokale, regionale und globale Zivilgesellschaft unterstützen und die sinnvolle Mitwirkung aller interessierten Personen und Institutionen bei der Entscheidungsfindung fördern.

c. Das Recht auf Meinungsfreiheit, Pressefreiheit, Versammlungsfreiheit, Organisationsfreiheit und die Freiheit, abweichende Meinungen zu vertreten, schützen.

d. Effektiven und effizienten Zugang zu Verwaltungsverfahren und unabhängigen Gerichtsverfahren vorsehen, die drohende oder tatsächliche Umweltschäden unterbinden und wiedergutmachen.

e. Korruption in allen öffentlichen und privaten Einrichtungen bekämpfen.

f. Lokale Gemeinschaften stärken und ihnen ermöglichen, ihre Umwelt zu schützen. Die Verantwortung für den Umweltschutz auf die Verwaltungsebenen übertragen, auf denen sie am effektivsten wahrgenommen werden kann.

14. In die formale Bildung und in das lebenslange Lernen das Wissen, die Werte und Fähigkeiten integrieren, die für eine nachhaltige Lebensweise nötig sind.

a. Für alle, insbesondere für Kinder und Jugendliche, Bildungsmöglichkeiten bereitstellen, die sie zur Mitarbeit an nachhaltiger Entwicklung befähigen.

b. Das Mitwirken von Kunst und Kultur sowie der Geistes-, Sozial- und Naturwissenschaften bei der Bildung für eine nachhaltige Entwicklung fördern.

a. Die Funktion der Massenmedien stärken, Bewusstsein für die ökologischen und sozialen Herausforderungen zu wecken.

b. Die Bedeutung der moralischen und spirituellen Bildung für einen nachhaltigen Lebensstil anerkennen.

15. Alle Lebewesen rücksichtsvoll und mit Achtung behandeln.

a. Tiere, die von Menschen gehalten werden, vor Grausamkeit und Leiden schützen.

b. Frei lebende Tiere vor solchen Methoden der Jagd, Fallenstellerei und des Fischfanges schützen, die extremes, unnötig langes oder vermeidbares Leiden verursachen.

c. Beifang oder Töten von nicht gewünschten Spezies vermeiden oder weitest möglich beenden.

16. Eine Kultur der Toleranz, der Gewaltlosigkeit und des Friedens fördern.

a. Zu gegenseitigem Verstehen, zu Solidarität und Zusammenarbeit unter allen Völkern und zwischen den Nationen ermutigen und dies unterstützen.

b. Umfassende Strategien zur Vermeidung gewaltsamer Konflikte umsetzen und gemeinschaftliche Wege zur Problembewältigung nutzen, um ökologische und andere Konflikte anzugehen und zu lösen.

c. Nationale Sicherheitssysteme auf ein nicht bedrohliches Verteidigungsniveau abrüsten und die Umwandlung militärischer Einrichtungen für friedliche Zwecke, einschließlich ökologischer Wiederherstellung, fördern.

d. Nukleare, biologische und giftige Waffen sowie andere Massenvernichtungswaffen vollständig beseitigen.

e. Sicherstellen, dass die Nutzung des erdnahen und auch des ganzen übrigen Weltraumes Umweltschutz und Frieden fördern.

f. Anerkennen, dass Frieden die Gesamtheit dessen ist, das geschaffen wird durch rechte Beziehungen zu sich selbst, zu anderen Personen, anderen Kulturen, anderen Lebewesen, der Erde und dem größeren Ganzen, zu dem alles gehört.

4.1.3 Der Weg, der vor uns liegt

Wie nie zuvor in der Geschichte der Menschheit fordert uns unser gemeinsames Schicksal dazu auf, einen neuen Anfang zu wagen. Die Grundsätze der Erd-Charta versprechen die notwendige Erneuerung. Um dieses Versprechen zu erfüllen, müssen wir uns selbst verpflichten, uns die Werte und Ziele der Charta zu eigen zu machen und diese zu fördern.

Das erfordert einen Wandel in unserem Bewusstsein und in unseren Herzen. Es geht darum, weltweite gegenseitige Abhängigkeit und universale Verantwortung neu zu begreifen. Wir müssen die Vision eines nachhaltigen Lebensstils mit viel Fantasie entwickeln und anwenden, und zwar auf lokaler, nationaler, regionaler und globaler Ebene. Unsere kulturelle Vielfalt ist ein unschätzbares Erbe und die verschiedenen Kulturen werden auf eigenen, unterschiedlichen Wegen diese Vision verwirklichen. Wir müssen den globalen Dialog, aus dem die Erd-Charta entstanden ist, vertiefen und ausdehnen; denn wir können bei der andauernden gemeinsamen Suche nach Wahrheit und Weisheit viel voneinander lernen.

Leben beinhaltet häufig Widersprüche zwischen wichtigen Werten. Das kann schwierige Entscheidungen bedeuten. Aber wir müssen Wege finden, um Vielfalt mit Einheit zu versöhnen, Freiheit mit Gemeinwohl und kurzfristige Anliegen mit langfristigen Zielen. Jeder Einzelne, jede Familie, Organisationen oder Gemeinschaft haben eine wichtige

Rolle zu spielen. Kunst und Kultur, Wissenschaften, Religionen, Bildungseinrichtungen, Medien, Wirtschaft, Nichtregierungsorganisationen und Regierungen sind alle aufgerufen, bei diesem Prozess kreativ voranzugehen. Eine Partnerschaft von Regierungen, Zivilgesellschaft und

Wirtschaft ist unabdingbar für eine wirkungsvolle Lenkung und Gestaltung unserer Geschicke.

Um eine nachhaltige globale Gemeinschaft aufzubauen, müssen die Nationen der Welt ihre Bindung an die UNO erneuern, ihre Verpflichtungen aufgrund bestehender internationaler Übereinkommen erfüllen, und die Umsetzung der Erd-Charta-Grundsätze zu einem internationalen, rechtlich verbindlichen Instrument für Umwelt und Entwicklung annehmen.

Lasst uns unsere Zeit so gestalten, dass man sich an sie erinnern wird als eine Zeit, in der eine neue Ehrfurcht vor dem Leben erwachte, als eine Zeit, in der nachhaltige Entwicklungen entschlossen auf den Weg gebracht wurden, als eine Zeit, in der das Streben nach Gerechtigkeit und Frieden neuen Auftrieb bekam und als eine Zeit der freudigen Feier des Lebens.

2.2 Vision einer gerechteren Gesellschaft von morgen – tätigkeitsbasiertes Grundeinkommen[8]

Den sozialpolitischen Reformen in Deutschland fehlt es aktuell an Mut zum großen Wurf. Mit der Vision für eine gerechtere Gesellschaft „Solidarität - Chance für die Zukunft" bringt der Bund der Katholischen Jugend Deutschlands (BDKJ) ein konkret ökonomisch berechnetes und ethisch wie sozialpolitisch begründetes Modell in die politische Diskussion, das geeignet ist, das Armutsrisiko von Kindern und Jugendlichen bzw. von Familien mit einem oder mehreren Kindern abzuwenden.

Um eine Gesellschaft neu zu gestalten, bedarf es der Vision einer Zukunft, in der Solidarität und Gerechtigkeit die Grundlage für eine Gesellschaftskonstitution bieten, die allen ein Leben in Würde und ausreichende Partizipationschancen garantiert. Das vom BDKJ entwickelte Modell basiert auf dem Zusammenspiel mehrerer Lenkungsinstrumente, die ein konkretes Modell künftiger Sozialpolitik darstellen. Die Vision einer solchen Gesellschaft erfordert einige entscheidende Weichenstellungen und Gestaltungselemente. Die Kernpunkte der BDKJ-Vision werden im Folgenden erläutert:

---

[8] Bund der Deutschen Katholischen Jugend (BDKJ), „Vision für eine gerechtere Gesellschaft – Solidarität –Chance für die Zukunft", herausgegeben vom Bundesvorstand des BDKJ, 1. Auflage, Düsseldorf, Dezember 2003, Herausgeber: Bundesvorstand des Bundes der Deutschen Katholisch Jugend (BDKJ), Carl-Mosterts-Platz 1, 40477 Düsseldorf, Tel. 02 11/ 46 93-0, Fax: 02 11/46 93-120, E-Mail: bundesvorstand@bdkj.de , Internet: www.bdkj.de

Einführung eines Grundeinkommens ohne Bedürftigkeitsprüfung

Die Vision des BDKJ von einer zukünftigen Gesellschaft beinhaltet als Kernelement ein Grundeinkommen, das allen Kindern, Jugendlichen und Erwachsenen in gleicher Höhe zur Verfügung steht. Die Höhe des Grundeinkommens soll das sozio-kulturelle Existenzminimum sichern und die materielle Grundlage für ein Leben in Würde mit angemessenen Partizipationsmöglichkeiten an der Gesellschaft sein. Ausgehend von einem heutigen Sozialhilfeniveau inkl. aller Sonderbeihilfen müsste das Grundeinkommen des beschriebenen Modells im Jahr 2003 bei mindestens 600 Euro liegen.

Gleiches Grundeinkommen für Kinder und Erwachsene

Das Grundeinkommen soll an alle Menschen ausgezahlt werden, die seit mindestens acht Jahren ihren 1.Wohnsitz in der Bundesrepublik Deutschland haben. Außerdem erhalten auch alle das Grundeinkommen, die unmittelbar vor dem Ende der Erwerbsfähigkeit bzw. vor dem 65, Lebensjahr ihren 1. Wohnsitz mind. 20 Jahre in der Bundesrepublik Deutschland hatten. Anspruch auf das Grundeinkommen soll für jede und jeden individuell von der Geburt bis zum Tod bestehen. Ein wichtiges Element ist hierbei, dass das Grundeinkommen an die einzelne Person gebunden ist und so eine eigenständige Existenzsicherung für jede und jeden bedeutet. Einkommensanrechnungen und Belastung mit Steuern beziehen sich jeweils auf die einzelne Person.

Eigenständige Lösungen für Zuwanderinnen/Zuwanderer, Flüchtlinge, Asylbewerber(innen) und Asylberechtigte

Für Asylbewerber(innen) und Bürgerkriegsflüchtlinge wird das Grundeinkommen aufgrund ihres befristeten Aufenthaltsstatusses ohne die Verpflichtung zur Leistung von Arbeitsstunden zur Verfügung gestellt. Eine solche Regelung berücksichtigt auch die Zwangssituation, die begründet, weshalb sich diese Menschen in der Bundesrepublik Deutschland befinden. Für Asylberechtigte und andere Menschen aus Ländern außerhalb der EU mit gesichertem, dauerndem Aufenthaltsstatus wird das Grundeinkommen nur mit der Erfüllung der 500 Mindeststunden in den verschiedenen Arbeitsbereichen gezahlt; Integrationskurse, insbesondere Sprachkurse, sind Bestandteil der Bildung und anerkannt.

Negative Einkommenssteuer

Das Grundeinkommen soll über eine negative Einkommenssteuer realisiert werden. Alle weiteren Einkünfte aus allen Einkommensarten werden zu 40 % auf das Grundeinkommen angerechnet. Ist dies aufgebraucht, entsteht eine Steuerschuld, d.h. eine positive Einkommenssteuer, die schrittweise auf einen Grenzsteuersatz von 53 % ansteigt. Oberhalb des Grundeinkommens ist die Lebensstandardsicherung Bestandteil einer privaten Vorsorge, deren Finanzierung von den Einzelnen erbracht wird. Das finanzielle Risiko des Alters, der Erwerbsunfähigkeit und der Arbeitslosigkeit wird durch solche private Vorsorge abgesichert.

Solidarische Finanzierungselemente für das Grundeinkommen

Das Grundeinkommen soll im Schwerpunkt durch Steuern auf alle Einkommensarten finanziert werden. Neben diesen Einkommenssteuern sollen Umsatz- und Verbrauchssteuern erhalten bleiben. Als zusätzliche Einkommensquellen sollen eine Vermögenssteuer auf internationalem (OECD-) Niveau und eine erhöhte Erbschaftssteuer genutzt werden. Dies kann durch eine Börsenumsatzsteuer und eine Devisenumsatzsteuer (Tobin-Steuer) ergänzt werden, deren Anwendung auf internationaler Grundlage realisiert werden sollte.

Eine weitere wichtige Finanzierungssäule soll eine Wertschöpfungsabgabe sein, die neben den Gewinnen der Betriebe auch die Wertschöpfung belastet. Um dies gerecht zu tun, soll die Wertschöpfung, die durch Einsatz von Arbeitskräften erbracht wird, gleichgestellt werden mit der Wertschöpfung durch Kapitaleinsatz, den Einsatz von Maschinen und Technologie. So können sich bestimmte Bereiche nicht durch Verschleierung von Gewinnen der sozialen Verantwortung entziehen.

Die Umsatzsteuer sollte für Luxusgüter ab einem bestimmten Preisniveau, nach dem Vorbild aus anderen europäischen Ländern, drastisch erhöht werden.

Sukzessiv steigende „Öko"-Steuern auf Ressourcen-
verbrauch und Umweltbelastung werden den Effekt erzielen, Erwerbsarbeit und das gesamte Wirtschaften an
ökologischen Maßstäben und dem Prinzip der Nachhaltigkeit auszurichten.

**Vier gleichwertige Bereiche gesellschaftlich not-
wendiger Arbeit gelten als anspruchsbegründend für
das Grundeinkommen**

Wichtiger Grundpfeiler der Gesellschaft soll die von
allen geleistete gesellschaftlich notwendige Arbeit
sein, die in verschiedenen Tätigkeitsbereichen erbracht wird. Diese Arbeit soll von jeder und jedem im
Alter von 18 bis 64 Jahren mitgetragen und in einem
Mindestumfang erbracht werden. Als gesellschaftlich
notwendige Arbeit anerkannt werden:

- Erwerbsarbeit
- ehrenamtliches bürgerschaftliches Engagement
- Familienarbeit
- Bildung (Schule, Ausbildung, Studium, Weiterbildung, Zweitstudium, berufliche Neuqualifikation und
  ähnliche Bildungsanstrengungen wie musische, kulturelle, soziale, politische und ökologische Bildung).

Die Erwerbsarbeit ist der Bereich der Produktion und
Dienstleistung, der gegen ein entsprechendes Entgelt für
einen Arbeitgeber oder selbstständig erbracht wird. Die
gemeinwesenbezogene Arbeit bezieht alle Formen der
Arbeit ein, die im nicht monetären Sektor zum Nutzen
anderer und des Gemeinwesens eingebracht werden.
Ehrenamtliches Engagement in Verbänden, Gruppen,

Sportvereinen und Initiativen gehört hierzu ebenso wie die Wahrnehmung politischer Verantwortung auf den verschiedenen Ebenen. Soziales und kulturelles Engagement wird so vielfältig in der Gesellschaft geleistet. Als Familienarbeit werden neben der Kindererziehung die Pflege und Betreuung betreuungsbedürftiger Personen realisiert. Bildungsanstrengungen sind als gesellschaftlicher Beitrag Teil der geleisteten Arbeit.

Von allen Personen im Alter zwischen 18 und 64 Jahren müssen mindestens 500 Stunden pro Jahr gesellschaftlich notwendige Arbeit erbracht werden. Dieser Stundenumfang muss von jeder und jedem geleistet werden, eine Ausnahme bilden nur gesundheitliche Einschränkungen. Die genannten verschiedenen Formen gesellschaftlich notwendiger Arbeit sollen hierbei gleichberechtigt addiert werden. Dies führt zu einer Sichtweise, die die verschiedenen Formen gleichwertig betrachtet und so zu einer gerechteren Verteilung aller gesellschaftlichen Arbeit zwischen den Geschlechtern und den Generationen beiträgt. Die Mindestarbeitszeit wird über Stundenkontingente in der Erwerbsarbeit erfasst sowie über pauschalierte Stundenanteile für Kindererziehung, Pflege, Betreuung, Gruppenleitertätigkeit, Schulbesuch, Ausbildung, Studium, Weiterbildung in beruflichen, sozialen und kulturellen Bereichen, Leistung von Wahlämtern etc. Menschen, die (noch) nicht in der Lage sind, aus eigenem Bemühen Möglichkeiten zur Leistung gesellschaftlich notwendiger Arbeit zu finden, werden entsprechende Hilfestellungen zur Verfügung gestellt. Beschäftigungsgesellschaften, die Tätigkeiten und Qualifizierung miteinander verknüpfen, bilden die Brücke in den Erwerbsarbeitsmarkt und die gemeinwesenbezogene Arbeit.

Exkurs

Durch einen neuen gesellschaftlichen Konsens wird es zu einer Gleichbewertung der verschiedenen Formen menschlicher Arbeit kommen. Eine Beteiligung an den verschiedenen Formen gesellschaftlich notwendiger Arbeit und am gesellschaftlichen Leben wird für jede und jeden möglich sein. Diese neu geschaffene breite Partizipation wird das soziale Gefüge der Gesellschaft auf ein breiteres Fundament stellen, das allen ein Leben in Würde mit angemessener Beteiligung ermöglicht. Da eine Anspruchsberechtigung auf ein Grundeinkommen dann besteht, wenn insgesamt 500 Stunden in einem der vier gesellschaftlich notwendigen Bereiche erbracht worden sind, muss eine Klärung erfolgen, wie bei Nichtleistung der geforderten Arbeit verfahren wird. Die Vision des BDKJ geht zunächst davon aus, dass der Personenkreis für den eine solche Lösung entwickelt werden muss, sehr klein ist, da der BDKJ von einem Menschenbild ausgeht, in dem der Mensch nach aktiver Gestaltung seiner Umwelt und dem Engagement in sinnstiftenden Tätigkeiten strebt. Für den Fall nicht erreichter 500 Stunden sind für die betroffenen Personen Hilfs- und Beratungsangebote vorzusehen. In diesen werden in Zusammenarbeit mit den jeweiligen Personen Hilfepläne erstellt, die den Zugang zu einem der vier Bereiche gesellschaftlich notwendiger Arbeit so ermöglichen, dass die geforderte Teilhabe und Mitgestaltung der Gesellschaft, entsprechend dem individuellen Qualifikationsprofil und den individuellen Interessen, erreicht werden kann. Ebenso werden hier Formen der Sicherung des Existenzminimums - Leistungspakete - entwickelt. Diese Beratung sowie die Organisation der entsprechenden Hilfsorganisation sollen durch Freie Träger, nicht durch den öffentlichen Träger, realisiert werden.

Festlegung einer Jahreshöchsterwerbsarbeitszeit

Um der wachsenden Konzentration von Erwerbsarbeit und dem damit verbundenen Einkommen sowie der verfestigten Massenarbeitslosigkeit entgegen zu wirken, wird eine Höchsterwerbsarbeitszeit von max. 1.500 Stunden pro Person jährlich festgelegt. Dies gibt weiten Gruppen der Bevölkerung die Möglichkeit, an der Erwerbsarbeit teilzuhaben und allen Bevölkerungsgruppen die Möglichkeit, neben der Erwerbsarbeit auch andere Formen gesellschaftlich notwendiger Arbeit zu leisten. Zusätzlich sollen die Tarifpartner eine generelle Verkürzung der tariflichen Jahresarbeitszeit realisieren und die Rahmenbedingungen für Teilzeitarbeit verbessern.

Damit soll auch eine Flexibilisierung der Arbeitzeitgestaltung verbunden werden, um mehr Zeitsouveränität (für Arbeitnehmerinnen) zu erreichen.

Für Familien entsteht so ein enorm erweiterter Gestaltungsspielraum. Eltern haben die Entscheidungsfreiheit, sich für einen durchschnittlichen wöchentlichen Stundenumfang in der Erwerbsarbeit zwischen 0 und 35 Stunden zu entscheiden, und haben so die Zeit für ihre Kinder, die sie benötigen. Diese Zeitsouveränität wird durch Betreuungsangebote ergänzt, die in den verschiedenen Entwicklungsphasen der Kinder flexible Betreuung bieten und sich an den Bedürfnissen der Kinder und Eltern orientieren. So wird die Erziehung der Kinder und Jugendlichen in den Familien und in den die Familien ergänzenden Bereichen auf eine solide Grundlage gestellt, die ein Aufwachsen in Geborgenheit und sozialer Verantwortung garantiert.

Allgemeine gesetzliche Kranken- und Pflegeversicherung

Die Kranken- und Pflegeversicherung soll im Rahmen einer solidarischen Finanzierung realisiert werden. Auf alle Einkommensarten soll ein gleichbleibender prozentualer Beitrag zu ihrer Finanzierung erhoben werden. Die Leistungen sollen das Niveau der heutigen gesetzlichen Kranken- und Pflegeversicherung erreichen. Darüber hinausgehende Leistungen müssten zusätzlich versichert werden.

Investition in Bildung als Zukunftspolitik

Zur Realisierung der Vision einer zukünftigen Gesellschaft - in welcher die Bildung wieder den Einzelnen als Mensch und seine persönliche Entfaltung in den Mittelpunkt rückt - wird das Bildungssystem entsprechend angepasst werden müssen. Wesentlich sind bildungspolitische Reformen mit dem Ziel, mehr Bildung und mehr Entscheidungsfreiheit für alle zu erreichen und verbunden mit flexiblerem Zugang zu Bildungseinrichtungen. Es müssen strukturelle Veränderungen vollzogen werden, die den veränderten Lebenswirklichkeiten der Menschen Rechnung tragen. Allgemein bildende Schulen müssen stärker mit Kinderbetreuungseinrichtungen und mit Trägern der Kinder- und Jugendarbeit kooperieren. Das System der dualen Berufsausbildung muss so weiterentwickelt werden, dass das Angebot die Nachfrage übersteigt. Außerdem muss es auch Qualifizierungsmöglichkeiten für Erwachsene bieten, die im Laufe ihres Lebens einen Berufswechsel oder eine zusätzliche Ausbildung anstreben, um ihren Tätigkeitsbereich zu verändern oder zu erweitern. Die Hochschulen müssen ihr Angebot erweitern und flexibilisieren, um neben jungen Erwachsenen für die Erstausbildung auch Personen Platz zu bieten, die bereits über ein Studium oder eine Ausbildung verfügen und zusätzliche Weiterbildung anstreben. Darüber hinaus sollen institutionelle und verbandliche Träger ihr Bildungsangebot sowohl auf kulturelle Bildung und Sport als auch für Jugend(verbands-)arbeit, Familienbildung, ökologisches, soziales und politisches Lernen ausrichten. Hiermit wird dem erweiterten Bedarf des Erwerbs von Kompetenzen für ein ehrenamtliches freiwilliges Engagement Rechnung getragen. Die Weiterentwicklung der Kompetenzen der Menschen trägt Früchte in den verschiedensten Bereichen, in denen sinnstiftende Tätigkeiten geleistet werden.

Nachhaltiges ökologisches Wirtschaften

Nachhaltiges ökologisches Wirtschaften hat qualitative Entwicklung stärker zum Ziel als materielle Expansion und akzeptiert damit die Tatsache, dass die Ressourcen der Erde begrenzt sind und materielles Wachstum daher nicht unendlich ist. Durch hohe ökologische Standards und einer Orientierung am Leitbild der Nachhaltigkeit soll die Ökonomie die Verantwortung für den Naturerhalt und die Lebensbedingungen nachfolgender Generationen übernehmen. Als Steuerungsinstrumente müssen ein weitreichendes ökologisches Steuersystem, durch das eine Internalisierung der externen Umweltkosten erreicht wird, sowie die Preise, die die tatsächlichen gesellschaftlichen Kosten widerspiegeln, eingeführt sowie umweltschädliche Subventionen abgebaut werden.

Unverzichtbarer Auftrag der Zukunft ist es, die ökonomischen Messgrößen des Erwerbsarbeitsmarktes durch ökologische und soziale Wertebestimmungen der Arbeit zu ergänzen. Diese Dimensionen sind bedeutsame Kriterien in der Bestimmung eines dynamischen und erweiterten Arbeitsbegriffes. Eine Aufwertung der sorgenden und reproduzierenden Arbeiten in Familien als gleichrangig neben der produzierenden Erwerbsarbeit fördert das gesellschaftliche Bewusstsein für die Bedeutung von Handeln, das sich am Ziel des Lebenserhaltes orientiert.

Nachhaltiges Handeln erfordert lokales Handeln, das auf der Einsicht in globale Zusammenhänge und der Verantwortung für internationale Gerechtigkeit zwischen den Völkern beruht. Dieses Modell des BDKJ kann als nationales Pilotprojekt zur Entwicklung globaler Standards für eine soziale Marktwirtschaft beitragen. Von Deutschland ausgehend könnte eine Durchsetzung weltweiter sozialer Mindeststandards realisiert werden, die jedem Menschen ein existenzsicherndes Mindest- oder

Grundeinkommen garantieren. Um hierfür die Voraussetzungen zur Realisierung zu schaffen, sieht das Modell
den Einsatz für eine nachhaltige, gerechte Weltwirtschaft
vor, der unter Zuhilfenahme marktwirtschaftlicher Len-
kungsinstrumentarien, auch seinen Niederschlag in fai-
rem Wirtschaften in Deutschland und Europa finden
muss. Insofern gibt es auch eine Antwort auf das global
parallel auftretende Phänomen einer zunehmenden
Spreizung zwischen Arm und Reich weltweit.

2.3 „Regio" (Regionalwährung) ergänzt den Euro[9]

Die Einführung von Regionalwährungen wäre einer der gangbaren Wege, um den negativen Folgen der Globalisierung zu begegnen, bei dem die Region als Wirtschaftsraum mit eigenen Interessen und Potenzialen durch eine eigene Währung – genannt „Regio" - gestärkt wird. Im Unterschied zum Euro, der sich für den internationalen Austausch, den Wettbewerb und die Akkumulation und Umverteilung von Vermögen über Spareinlagen oder Geldinvestitionen bei exponentiell wachsenden Zinsen oder Dividenden eignet, bietet der Regio ganz andere Vorzüge: Er kann als Bestandteil regionaler Wirtschaftskreisläufe langfristig Inflations- und Deflationsgefahren dämpfen, ungenutzte Ressourcen mit ungedeckten Bedürfnissen in Verbindung bringen, ein umlaufgesichertes, gemeinnütziges und gleichzeitig professionell organisiertes Zahlungsmittel bieten. Außerdem kann seine Einführung transparent gestaltet und von den Beteiligten in der Region demokratisch organisiert werden. Der wichtigste Punkt ist jedoch: Der Regio würde es möglich machen, den Abfluss von finanzieller Liquidität in Niedriglohnländer und Steuerparadiese aufzuhalten und damit der Vernichtung von Arbeitsplätzen und der Abwanderung von Firmen Einhalt zu gebieten.

---

[9] Kennedy, Margrit und Lietaer, Bernard A., „Regionalwährungen – Neue Wege zu nachhaltigem Wohlstand", 1. Auflage, Riemann-Verlag, München 2004; dieser Beitrag ist der Zeitschrift „Zukünfte", Heft 46, Frühjahr 2004, S. 9 ff. entnommen.

Wir leben in einer schwierigen Zeit: Auf der einen Seite Millionen Arbeitslose, auf der anderen Seite Millionen Aufgaben, die darauf warten, angepackt zu werden. Was fehlt, um beides zusammenzubringen, ist das Geld. In Deutschland gibt es Tausende von Menschen, die kreative Ideen haben, wie unsere Umweltprobleme gelöst und unsere sozialen Einrichtungen verbessert werden könnten. Was fehlt, ist das Geld.

Doch was ist Geld anderes als eine Vereinbarung unter Menschen, ein bestimmtes Medium - seien es Papierscheine, Münzen, in manchen Teilen der Welt Muscheln, im Krieg Zigaretten - als Tauschmittel zu akzeptieren und zu verwenden? Haben wir uns womöglich mit unserem eingefahrenen Geldverständnis in ein Denkgefängnis verirrt?

Sieht man etwas genauer hin, so fehlt es uns auch gar nicht am Geld. Geld gibt es tatsächlich in Hülle und Fülle - woran es tatsächlich mangelt, ist seine gerechte Verteilung, und damit eine gerechte Verteilung des Zugangs zu den Ressourcen dieser Welt. Mit drei Prozent der weltweiten Finanztransaktionen können heute alle realen Güter und Dienstleistungen ausgetauscht werden. 97 Prozent der transferierten Summenwerden nur zu spekulativen Zwecken eingesetzt.

Dass dies zur Destabilisierung von Währungen führen kann, erklärte der Währungsspekulant George Soros: Er verursachte 1992 mit spekulativen Transaktionen die Abwertung des englischen Pfunds, was den britischen Steuerzahler ca. eine Milliarde Dollar kostete. In einem Spiegel-Interview (Nr. 51, 1999) erklärte George Soros, nunmehr als Kritiker des Systems: „Das, was in den letzten Monaten passiert ist, sollte uns Angst machen. (...) In Wahrheit haben wir doch einen gewaltigen Zusammenbruch an der Peripherie des weltweiten kapitalistischen Systems erlebt (...) Wir waren ganz dicht an einer Kernschmelze des internationalen Bankensystems. (...) Die Russen wurden zahlungsunfähig, und der Hedge Fonds Long-Term Capital Management ging fast unter. Wenn die New Yorker Zentralbank nicht eingegriffen hätte, wären Kreditrisiken entstanden, auf die niemand vorbereitet war."

Da bis jetzt das Zentrum des Systems - die hochindustrialisierten Länder des Westens - kaum berührt wurde, meinen immer noch viele Menschen, sie seien gegen die Gefahren, wie sie in Asien und Lateinamerika das Leben vieler Menschen zerstört haben, gefeit. Mit diesem Irrglauben räumt George Soros in seinem Buch „Die Krise des globalen Kapitalismus" gründlich auf. Seine Lösungsvorschläge - wie etwa mehr Kontrolle der Finanzmärkte - stellen jedoch keine Ursachenbewältigung dar, sondern behandeln weitgehend wiederum nur die Symptome.

Meine Grundthese ist, dass die mangelnde Verteilungsgerechtigkeit aus dem Geldwesen selbst resultiert. Deshalb stehen für mich zwei Fragen im Vordergrund: Erstens: Wie kann man die Verteilungsgerechtigkeit wieder herstellen? Und zweitens: Welche praktischen Möglichkeiten gibt es, eine solche Verteilungsgerechtigkeit auch umzusetzen? Zunächst jedoch ein paar grundlegende Gedanken, ohne die hier vorgestellte Lösung und der Vorschlag zu ihrer praktischen Umsetzung nicht verständlich wären.

Analyse des Problems

Das Geld, mit dem wir täglich umgehen, dient zwei gegensätzlichen Zwecken: Zum einen fungiert es als Tauschmittel, und ist damit eine der genialsten Erfindungen der Menschheit und die Voraussetzung für eine funktionierende Arbeitsteilung, das heißt Grundlage jeder Zivilisation. Zum anderen ist es aber auch hortbar, und in dieser Eigenschaft als Wertaufbewahrungsmittel kann es den Tausch verhindern. Hat jemand einen Sack Äpfel und ein anderer das Geld, diese Äpfel zu kaufen, so sind die Äpfel in wenigen Monaten faul, wohingegen das Geld nach wie vor denselben Wert hat. Die Unvergänglichkeit und die so genannten Joker-Eigenschaften des Geldes - Geld ist für alles eintauschbar - stellen gleichzeitig die Voraussetzung für den Zins dar, den Geldbesitzer erheben können, ohne dafür einen Finger krümmen zu müssen. Die Selbstverständlichkeit, mit der wir das Zins-Nehmen und -Bezahlen heute akzeptieren, beruht indes auf drei grundlegenden Missverständnissen.

Dauerhaft quantitatives Wachstum?

Das erste Missverständnis betrifft unterschiedliche Wachstumsprozesse. Sowohl unser menschlicher Körper als auch Pflanzen und Tiere zeigen im physischen Bereich ein „natürliches Wachstum": Wir wachsen recht schnell in den frühen Phasen unseres Lebens, dann langsamer und hören gewöhnlich mit dem körperlichen Wachstum ab einer optimalen Größe etwa nach dem 21. Lebensjahr auf. Ab diesem Zeitpunkt, also die längste Zeit unseres Lebens, verändern wir uns - mit allen Subsystemen –fast ausschließlich qualitativ statt quantitativ. Deshalb möchte ich diese Kurve - die von Biologen auch als „Annäherungskurve" bezeichnet wird - als „qualitative Wachstumskurve" bezeichnen.

Es gibt jedoch zwei weitere, grundlegend unterschiedliche Wachstumsmuster: zum einen das mechanische oder „lineare" Wachstum, das heißt mehr Maschinen produzieren mehr Güter, mehr Kohle produziert mehr Energie und so weiter. Dies ist für unsere Analyse von geringerer Bedeutung. Dennoch sei darauf hingewiesen, dass auch eine solche gleichbleibende Leistungszunahme (wie sie u. a. im Logo der Deutschen Bank symbolisiert ist) auf unserer begrenzten Erde nicht durchzuhalten ist.

Wichtig ist hingegen das Verständnis des so genannten exponentiellen Wachstums, welches man als das genaue Gegenteil des „natürlichen Wachstums" bezeichnen könnte. Hier ist das Wachstum anfangs sehr gering, steigt dann aber kontinuierlich an und geht schließlich in fast senkrechtes quantitatives Wachstum über. Im menschlichen Körper zeigt ein solches Wachstum gewöhnlich Krankheit an. Krebs zum Beispiel folgt einem exponentiellen Wachstumsmuster. Zuerst wächst er langsam. Aus einer Zelle werden 2, daraus 4, 8, 16, 32, 64, 128, 256, 512 und so weiter. Er wächst also ständig schneller. Wenn die Krank-

heit schließlich entdeckt wird, hat sie oft eine Wachstum-
sphase erreicht, in der sie nicht mehr gebremst werden
kann.

Ein solches exponentielles Wachstum endet gewöhnlich
mit dem Tod des Organismus, in dem es stattfindet - zumeist auch mit dem Tod des „Gastes", da dieser sich durch
die Vernichtung seines „Wirts" seine Lebensgrundlage entzieht. Das mangelnde Verständnis für die Probleme einer
solchen Wachstumsform ist die folgenschwerste Fehlvor-
stellung im Hinblick auf die Funktion des Geldes, da sich
auch Geldvermögen durch Zins und Zinseszins in regelmäßigen Zeitabständen verdoppeln, das heißt ein exponentielles Wachstumsverhalten aufweisen müssen. Das erklärt,
warum wir in der Vergangenheit - in regelmäßigen Zeitab-
schnitten und auch gegenwärtig wieder - mit unserem
Geldsystem gravierende Probleme haben.

Tatsächlich verhält sich der Zins wie ein „Krebs in unserem Wirtschaftssystem" und somit auch in unserem gesellschaftlichen Organismus. Könnten wir dagegen ein gesun-
des, der „natürlichen" Wachstumskurve entsprechendes
Geldsystem einführen, dann wäre ein von Ökologen und
Ökonomen seit langem gefordertes Nullwachstum oder
„qualitatives" Wachstum überhaupt erst möglich.

Vor ein paar Jahren haben wir über jene Albaner ge-
lacht, die einigen Investmentbankern glaubten, dass sie
beim so genannten „Pyramidenspiel" eine Rendite von 25
Prozent pro Monat erwirtschaften könnten. Dies war, bei
exponentiell steigenden Einlagen, kurzfristig tatsächlich
möglich. Sobald jedoch die Zuwachsrate der Einlagen ab-

nahm, musste dieses System zwangsläufig zusammenbrechen. Im Grunde sind wir keinen Deut klüger als diese Albaner: Denn wer unser Geldsystem akzeptiert, riskiert - nur eben auf einen längeren Zeitraum bezogen - genau dasselbe. Und dieser Zeitraum beträgt bei Zinsraten, wie wir sie kennen, etwa 50 bis 60 Jahre: Dann können auch bei uns nur noch einige Investmentbanker ihre mit hohem Risiko behafteten Immobilien in neue Fonds einbringen, die sie nur mit Hilfe von „Garantien" für völlig unrealistische Gewinne unter die Leute bringen können. Am Ende zahlt, wie uns der Berliner Bankenskandal vorgeführt hat, der Steuerzahler die Zeche.

Zinsen nur beim Leihen?

Das zweite Missverständnis ist, dass wir Zinsen nur dann zahlen, wenn wir Geld leihen. Dem ist freilich nicht so, denn in jedem Preis, den wir entrichten, ist ein Zinsanteil enthalten. Nämlich derjenige Zinsanteil, den die Produzenten der gekauften Güter und Dienstleistungen der Bank zahlen müssen, um Maschinen und Geräte anzuschaffen. Bei den Müllgebühren zum Beispiel liegt dieser Zinsanteil bei etwa 12 Prozent, beim Trinkwasserpreis bei 38 Prozent und bei der Miete im sozialen Wohnungsbau erreicht der Zinsanteil sogar 77 Prozent. Im Durchschnitt zahlen wir vierzig Prozent Zinsen oder Kapitalkosten in allen Preisen und Dienstleistungen, die wir zum täglichen Leben benötigen (Creutz, 1993/2004). Würde der Zins durch eine andere Umlaufsicherung ersetzt, könnten die meisten von uns ihre Einkünfte fast verdoppeln oder entsprechend weniger arbeiten, um denselben Lebensstandard zu haben.

Der Zins: Eine gerechte Gebühr?

Das dritte Missverständnis ist, dass der Zins - da er von uns allen in den Preisen bezahlt werden muss und wir alle auf Spareinlagen Zinsen bekommen - eine durchaus gerechte Gebühr ist. Nur wenig wird hingegen beachtet, in welchem Ausmaß der Zins- und Zinseszinseffekt ganz legal für eine ständige Umverteilung des Geldes sorgt: von denjenigen, die für ihr Einkommen arbeiten müssen, hin zu denen, die ein leistungsloses Einkommen bekommen, dadurch, dass sie ihr Geld verleihen können. Unterteilt man die deutschen Haushalte in zehn gleiche Gruppen, so zeigt sich, dass 80 Prozent der Haushalte fast doppelt so viel Zinsen zahlen, wie sie einnehmen, und nur zehn Prozent der Bevölkerung das einnehmen, was die große Mehrheit über den Zins verliert. Das heißt, die „Gerechtigkeit", dass wir alle Zinsen über Sparverträge und Geldanlagen zurückbekommen, stellt sich bei näherem Hinsehen als trügerisch heraus. Erst bei zinsschaffenden Anlagewerten in Höhe von über 500.000 Euro können diejenigen, die diese Anlagen besitzen, von diesem System profitieren. Im Jahr 2001 betrug die Summe, die in Deutschland an Zinsen pro Tag – tagtäglich - umverteilt wurde, ca. eine Milliarde Euro.

Während achtzig Prozent der Bevölkerung verlieren, profitieren Banken, Versicherungen und multinationale Konzerne vom Zinssystem. Es bestehen also in dieser Hinsicht weniger Interessengegensätze zwischen Unternehmern und Beschäftigten, wie das linke Parteien noch immer suggerieren, als zwischen denjenigen, die für ihre

Einkünfte arbeiten müssen, und denen, die in großem Maße - ohne eigentliche Arbeitsleistung - Einkünfte beziehen.

Der Zins ist demnach ein falscher Preismechanismus im „Kräftespiel" der Marktwirtschaft: Die „Mit-Spieler" (Wirtschaftsakteure) werden durch Zinskosten bestraft; die „Spielverderber", die ihr Geld in der Kasse halten können, werden durch Zinseinnahmen belohnt. Der Zins ermöglicht auf diese Weise im Gegensatz zum viel zitierten Anspruch auf Leistung in einer „Leistungsgesellschaft" ein leistungsloses Einkommen. Er bedeutet darüber hinaus den Zwang zu einem pathologischen (krankhaften) Wirtschaftswachstum und führt drittens zu einer Verschärfung der ungleichen Einkommensverteilung, d. h. zur Polarisierung der Gesellschaft.

Der Versuch der traditionellen „Linken", das Problem durch die Vergesellschaftung der Produktionsmittel zu lösen, konnte deshalb nicht funktionieren, weil das Problem der Umverteilung durch die Geldwirtschaft (die so genannte Zirkulationssphäre unseres Wirtschaftssystems) weitgehend verkannt wurde und immer noch verkannt wird. Im Rahmen der Herstellung von Gütern (in der Produktionssphäre) wird der Mehrwert zwar geschaffen, die Höhe und die Verteilung dieses Mehrwerts werden jedoch zum großen Teil durch die Zirkulationssphäre bestimmt. Enteignender Sozialismus statt Privatkapitalismus ist, wie wir heute wissen, nicht die Lösung des Dilemmas.

Eine Reform der Marktwirtschaft im Sinne von mehr sozialer und ökologischer Gerechtigkeit hat weder der Sozialis-

mus noch der Kapitalismus erreicht. Beide Ge-
sellschaftsordnungen sind eben keine Alternativen, sondern eher vergleichbar mit zwei Seiten ein und derselben
Münze. Die Gründe für die heutigen Probleme des Banken-
sektors und Finanzsystems sowie die wachsende Polarisierung der Gesellschaft durch die Umverteilung des Reich-
tums sind jedoch nicht, wie immer wieder behauptet wird,
fehlende soziale Gesetze oder die Korruption der jeweiligen Entscheidungsträger in Politik und Wirtschaft. Diese
kommen zwar erschwerend hinzu - was aber nur wenigen
bekannt ist und selten öffentlich diskutiert wird, sind die
wesentlichen Ursachen, die in der Funktionsweise unseres
Geldsystems liegen.

Nutzungsgebühr statt Zins

Seit 1916 liegt nun ein Lösungsansatz auf dem Tisch,
der nicht nur verblüffend einfach und elegant, sondern darüber hinaus auch praktikabel und leicht verständlich ist.
Entdeckt und erstmals publiziert wurde diese Lösung bereits 1916 von dem deutsch-argentinischen Kaufmann
Silvio Gesell, dessen „Natürliche Wirtschaftsordnung" sich
zum Kapitalismus/Kommunismus etwa so verhält wie das
kopernikanische Weltbild zum ptolemäischen.

Statt Zins zu zahlen, schlägt Gesell vor, eine „Nutzungsgebühr" zu erheben (es werden auch die Ausdrücke
„Liegegebühr" und „Demurrage" verwendet), um den Umlauf des Geldes zu sichern. Das Geld wird also weitgehend
auf seine Funktion als Tauschmittel beschränkt, es dient
aber auch als stabiler Wertspeicher. Hat man mehr Geld,

als man braucht, so bringt man es zur Bank, die es verleiht und somit wieder in Umlauf bringt, und damit entfällt die Nutzungsgebühr.

Dabei ändert sich an den heutigen Gepflogenheiten kaum etwas. Der Anreiz zum Sparen jedoch bliebe bestehen. Denn während auf dem Girokonto das Geld wie Bargeld behandelt wird und einer Nutzungsgebühr unterliegt, wird das Geld auf dem Sparkonto nicht belastet. Es behält seinen Wert. Vom Kreditnehmer hingegen wird die Bezahlung der Arbeit der Bank und eine Risikoprämie verlangt - beides Gebühren, die auch heute in jedem Kredit als kleiner Anteil enthalten sind. Sie betragen meist nicht mehr als 2,0 bis 2,5 Prozent der Zinskosten.

Das Zurückhalten von Bargeld kann auf verschiedene Weise verhindert werden, zum Beispiel dadurch, dass es entweder Farbserien von Geldscheinen gibt, die einmal im Jahr (zwischen 6 und 12 %) oder kontinuierlich (monatlich zwischen 0,5 und 1%) entwertet oder mit Ablaufdaten (ähnlich wie Lebensmittel) versehen werden. Doch lässt sich dies bei zunehmend bargeldlosen Transaktionen, z. B. über Chipkarten oder Smartcards, die zwanzig und mehr verschiedene Zahlungsfunktionen aufnehmen können, wesentlich einfacher gestalten.

Alles, was in dem neuen System entfällt, sind exponentiell wachsende Ansprüche auf Spareinlagen und damit auch die Verzerrung des Marktgeschehens durch die einseitige Akkumulation von Geld in den Händen von wenigen. War die Wirtschaft bisher vom Kapital abhängig (Hans-Martin Schleyer hat einmal gesagt: „Kapital muss bedient werden!"), so muss sich das Geld jetzt dem Bedarf der Wirtschaft anbieten, um einem Verlust zu entgehen: Das heißt, das Kapital dient uns.

Ein Geldsystem, das der natürlichen Wachstumskurve folgt

Damit würde zum ersten Mal auch eine nachhaltige Wirtschaft und ein nachhaltiger Wohlstand möglich, denn wir könnten ein Geldsystem schaffen, das der „natürlichen" Wachstumskurve folgt, d. h. ab einer optimalen Größe aufhören kann, quantitativ zu wachsen und damit qualitatives Wachstum zulässt. Das kann dann heißen: statt mehr Konsum mehr Lebensqualität, statt mehr Umweltverbrauch mehr Umweltschutz; statt mehr Privatverkehr mehr Car-Sharing; statt billigen Klamotten haltbare Kleidung, statt mehr Reklame mehr Kunst, statt Einsparen in sozialen Einrichtungen und im Bildungssektor Ausbau dieser Sektoren. Und all dies, weil der Druck des zum exponentiellen Wachstum verpflichtenden Geldes auf die Wirtschaft und damit letztlich die Menschen nachlässt. Vielleicht hat man dann wieder Zeit für die Großeltern und die Kinder, für Kunst und Kultur als integralem Bestandteil eines jeden Menschenlebens.

Die historischen Perioden, in denen es ein umlaufgesichertes Geld gab, belegen, dass die Menschen ein anderes Verhältnis zu Kultur, Kunst und Zeit hatten. Das Brakteatengeld des Hohen Mittelalters zum Beispiel war eine Grundlage für die großartigen Kathedralen, die wir heute noch bewundern. Sie waren auch Arbeitsbeschaffungsprogramme, von denen man - als sie begonnen wurden - wusste, dass sie zweihundert Jahre dauern würden. Heute muss sich das Geld in fünf oder weniger Jahren „amortisieren", sonst wird es erst gar nicht investiert.

Mit anderen Worten: Es gäbe für die meisten viel zu gewinnen, aber nichts zu verlieren, wenn wir eine neue Geldordnung einführen würden. In Verbindung mit einer neuen Bodenordnung, die den Mehrwert des Bodens (Gesell, 1916/1949) den Kindern (und den Menschen, die sie betreuen) zur Verfügung stellt, könnten zwei der wesentlichsten Ursachen für Armut und die wachsende Kluft zwischen Arm und Reich beseitigt werden.

Es ist leicht nachvollziehbar, wie durch einen historischen Fehler in unserem Geldsystem - den Zins und Zinseszinsmechanismus - nicht nur für eine ständige Umverteilung der gemeinsamen Ressourcen dieser Welt zu Gunsten einer kleinen Elite gesorgt wird, sondern auch für einen permanenten Wachstumszwang, dem sich niemand entziehen kann.

Die von vielen geforderte Entschuldung der Länder der Dritten und der Vierten Welt, die derzeit den reichen Industrieländern über 350 Millionen Dollar pro Tag an Zinsen zahlen müssen, würde hingegen ebenso wenig die Wurzel des Übels beseitigen, wie die gut gemeinten Spenden aus den Industrieländern. Die Spenden insgesamt gleichen lediglich für etwa 14 Tage pro Jahr die oben genannten Zinslasten aus.

Letztlich werden immer mehr Entwicklungs- und Schwellenländer vom Internationalen Währungsfonds

(IWF) regiert, während die hochindustrialisierten Länder vom belohnenden oder bestrafenden Finanzmarkt Gott dazu erzogen werden, eine reibungsfreie, kostengünstige und ertragreiche Kapitalverwertung zu ermöglichen. Eine „Standortpolitik" in diesem Sinne entzieht, wie leicht erkennbar ist, einer autonomen Wirtschaftspolitik einzelner Staaten weitgehend den Boden.

Umsetzung auf regionaler Ebene

Wie könnten wir ein dauerhaftes, stabiles, umlaufgesichertes Geldsystem - in einer Grössenordnung, die zählt - praktisch einführen und erproben?

Die lokale Ebene erscheint zu klein: Bei den Tauschringen etwa, die es ja heute schon als alternative Verrechnungssysteme gibt, sind die Transaktionskosten - bzw. die Zeit, die man braucht, bis man ein gewünschtes Produkt oder eine Dienstleistung ha t- normalerweise einfach zu hoch, um dieser Lösung zum durchschlagenden Erfolg im großen Umfang zu verhelfen. Eine Möglichkeit, diese Nachteile zu beseitigen, wäre die Vernetzung einzelner Tauschringe zu größeren Einheiten über eine „Clearinghouse-Funktion" und eine professionalisierte Abwicklung der einzelnen Buchungsvorgänge. Dies wird gerade in der österreichischen Region Vorarlberg in die Wege geleitet und erprobt.

Auf der nationalen Ebene haben wir die DM gerade zugunsten eines internationalen Geldes in Europa aufgegeben. Die Euro-Einführung ist in diesem Zusammenhang positiv und negativ zugleich: Positiv, weil die Spekulation zwischen europäischen Währungen ein Ende hat. Negativ, weil es schwierig ist, gezielt auf spezifische nationale Situationen, Entwicklungen und Ereignisse zu reagieren.

Was bleibt, ist die regionale Ebene. Und hier gilt zunächst theoretisch, dass der Anteil des wirtschaftlichen Austauschs, der innerhalb einer Region stattfindet, auch über ein regionales und umlaufgesichertes Tauschmittel abgewickelt werden und damit der Austausch in der Region belebt werden kann. Es gibt natürlich Unterschiede, inwieweit sich Regionen für eine solche Lösung eignen. In einer Region mit großer Produktionsvielfalt ist die wirtschaftliche Autonomie höher - und damit ist sie besser für eine solche Lösung geeignet als eine Region mit einem dominierenden Arbeitgeber, wo die meisten Menschen für dieselbe Firma arbeiten.

Es gibt nur wenige Untersuchungen und Daten, die wir hier verwenden können, weil auch das, was wir für diesen Zweck als „Region" bezeichnen, erst mit der Verwendung einer neuen Währung entsteht. Denn wo die dazugehörige Region anfängt und endet, ist abhängig von dem Willen der Bewohner, eine solche regionale Währung zu benutzen. Dazu kann natürlich niemand gezwungen werden. Und die Bereitschaft mitzumachen, kann von geographischen, aber auch von wirtschaftlichen, kulturellen oder geschichtlichen Zusammenhängen bestimmt sein.

Grundsätzlich erlaubt eine komplementäre Regionalwährung jedoch zum ersten Mal seit der Einführung nationaler Währungen im 19. Jahrhundert (der Abschied von regionalen Währungen ist also noch nicht allzu lange her), die in der Region produzierten Güter und Dienstleistungen als solche zu erkennen, sie bevorzugt einzukaufen und damit gezielt zu fördern.

Gerade für den Mittelstand, der die meisten Arbeitsplätze schafft, und in dem das Geld in der Produktion und nicht primär durch Geldgeschäfte verdient wird, eröffnen sich durch regionale Währungen neue Perspektiven des wirtschaftlichen Wachstums. Ein Arbeitsplatz für regionale Produkte kostet nur einen Bruchteil von dem, was für den internationalen Markt produzierende Arbeitsplätze kosten. Warum sollten Banken in Zusammenarbeit mit den Kommunen in einer Region zukünftig nicht eine regionale Währung in ihrem Produktportfolio anbieten?

Das Ziel ist, einen anderen Umgang mit einem neuen Zahlungsmittel praktisch erlebbar und nachvollziehbar zu machen und zu testen, ob das Modell einer stabilen, umlaufgesicherten Währung in diesem Rahmen funktioniert.

Komponenten einer vollständigen regionalen Währung

Um dieses Ziel zu erreichen, müsste die Regionalwährung nicht nur legal sein, sondern sie sollte realistischerweise auch in Phasen einführbar sein, um in der Bevölkerung schnell Vertrauen gewinnen zu können. Dies alles ist - nach der heutigen Rechtslage und dem Stand des Wissens und der Erfahrungen mit komplementären Währungen in den letzten Jahren - in Deutschland nur durch die Integration verschiedener Teil-Modelle in ein Gesamtmodell möglich. An einem Beispiel verdeutlicht, wären deshalb drei Komponenten miteinander zu verbinden:

• Ein Gutschein-System, das als regionales Zahlungsmittel eingesetzt werden kann. Seine erste praktische Erprobung findet z .Z. in Prien am Chiemsee statt, wo das so genannte Regiogeld unter der Bezeichnung „Chiemgauer" zirkuliert.

• Ein Kooperations-Ring, der als bargeldloses Verrechnungs- und Kreditsystem zum Austausch von Waren und Dienstleistungen - schwerpunktmäßig zwischen gewerblichen und professionellen Teilnehmern - funktioniert, die Liquidität von kleinen und mittleren Unternehmen (KMU's) erhöht, aber auch den Bewohnern der Region eine Möglichkeit bietet, ihre Leistungen miteinander zu verrechnen. Ein gut funktionierendes Beispiel dieser Art gibt es seit etwa sieben Jahren mit dem Talente-Tauschkreis Vorarlberg. Ein anderes Beispiel, das allerdings nur für KMU's funktioniert, besteht seit über 50 Jahren in dem Schweizer WIR-Ring.

• Eine Mitglieds-Bank, die nach dem Grundsatz eines nachhaltig stabilen und nicht auf Wachstum angewiesenen Spar- und Kreditmodells arbeitet. Mitglieder erhalten zinslose Darlehen, die gleichzeitig mit einem Sparplan verbunden sind. Sie könnte analog zur JAK-Bank in Schweden arbeiten, die seit über vierzig Jahren erfolgreich wächst.

Diese Kombination ermöglicht es, fast alle Geldfunktionen zu erfüllen. Das Gutschein-System wird ähnlich dem Bargeld für die Zahlung kleinerer Beträge des täglichen Lebens verwendet. Der Kooperations-Ring erlaubt die bargeldlose Verrechnung für den Austausch von Gütern und Dienstleistungen sowie die Einräumung von Kreditlinien zwischen Individuen und zwischen kleinen und mittleren Unternehmen. Die Mitgliedsbank dient der Kreditgewährung und Verwaltung wertstabiler Spareinlagen - sowohl in Euro wie auch in der Regionalwährung - für Einzelne und Unternehmen.

Ein solches Konzept hat mehrere Vorteile: Alle Teilmodelle sind getrennt einführbar, gemeinsam werden jedoch viele Synergie-Effekte möglich, und alle drei genießen allein dadurch Vertrauen, dass sie entweder z. Z. in Europa erfolgreich eingeführt werden oder bereits seit vielen Jahren funktionieren und erprobt sind.

Da die beiden Teilmodelle Kooperations-Ring und Mitglied-Bank seit vielen Jahren bekannt sind, werde ich im Folgenden nur die Unterschiede zwischen Euro und „Regio" sowie das Gutscheinsystem näher beschreiben.

Unterschiede zwischen Euro und „Regio"

Um die Andersartigkeit einer regionalen Währung gegenüber dem Euro verständlich zu machen, haben wir nach einem anderen Namen für die komplementäre Regionalwährung gesucht, der gleichzeitig den Bezug zur Region herstellt. In Abstimmung mit dem im September in Prien gegründeten Regio-Netzwerk schlagen wir die Bezeichnung „Regio" vor. Im Gegensatz zum Euro ist der „Regio":

• kein „offizielles" Zahlungsmittel, d. h. er steht nicht unter Annahmezwang seine Annahme erfolgt nur freiwillig,

• nur geographisch begrenzt einsetzbar und trägt in jeder Region eine jeweils eigene Bezeichnung,

• beim Umtausch in andere Regionalwährungen oder in die Landeswährung verursacht er eine Umtauschgebühr,

• und es lassen sich mit ihm keine Zinsen verdienen.

All diese Charakteristika machen ihn - nach dem Gesetz von Gresham - zum „schlechteren" Geld, d. h. alle Beteiligten werden bestrebt sein, dieses Zahlungsmittel loszuwerden, bevor sie ihre Euros ausgeben. Und genau das ist beabsichtigt. Wir stellen also das Greshamsche Gesetz auf den Kopf, denn im Hinblick auf die Optimierung der Tauschfunktion – der wichtigsten Funktion, die das Geld zu erfüllen hat - ist der Regio natürlich das „bessere" Geld. Richtiger wäre es daher zu sagen, dass beide Währungen - die nationale bzw. internationale und die regionale - unterschiedliche Funktionen unterschiedlich gut erfüllen.

Der Euro eignet sich für den internationalen Austausch, den Wettbewerb und die Akkumulation und Umverteilung von Vermögen über Spareinlagen oder Geldinvestitionen mit Anspruch auf exponentiell wachsende Zinsen oder Dividenden. Der „Regio" hingegen eignet sich als Tauschmittel für eine bewusste Förderung sozialer, kultureller und ökologischer Ziele bzw. für einen ethischen Umgang mit endlichen Ressourcen in einem überschaubaren Bereich, zu dem Menschen eine direkte persönliche und emotionale Beziehung haben.

Der „Regio" ist sozusagen eine Marke, die eine bestimmte Qualität haben - und vielleicht sogar garantieren - soll. Mit der Entwicklung dieser Qualitätsvorgaben grenzt

sich der Regio bewusst von anderen „Marken" ab: Tauschringe, Bartermodelle, Seniorengenossenschaften und viele
andere komplementäre Währungen erfüllen bestimmte
Funktionen, die in Richtung Nachbarschaftshilfe,
Kapazitätenausgleich und wertbeständiger Leistungsvertei-
lung gehen. Der „Regio" setzt eigene Akzente in dieser
vielfältigen Landschaft:

1. Regios vernetzen verschiedene Partner in der Region
und bringen allen Beteiligten Vorteile.

2. Regios sollen selbstverständlicher Bestandteil regionaler Wirtschaftskreisläufe sein und sind regional begrenzt.
1. Regios ergänzen die bestehende Landeswährung.
2. Regios dämpfen langfristig Inflations- und Defla-
    tionsgefahren.

5. Regios sind umlaufgesichert.

6. Regios sind gemeinnützig sowie professionell organisiert.

7.Regios sind im Entstehungsprozess transparent und
von ihren Nutzern demokratisch kontrollierbar.

8. Regios dienen sowohl den Bewohnern der Region als
auch kleinen und mittelständischen Unternehmen sowie
kommunalen Einrichtungen in der Region

9. Regios zielen ab auf die ökologisch sinnvolle Wahl der
kürzesten Transportwege.

10. Regios sind für die Einwohner Symbol einer historisch gewachsenen (oder neuen) Identität in einem überschaubaren Rahmen.

Ob Regios den Wert von Euros haben müssen, ist eine offene Frage. Es kann sinnvoll sein, weil die Umrechnung beim Einkauf und bei der Bezahlung von Rechnungen entfällt und dies die steuerliche Behandlung der Regio-Umsätze erleichtert. Wichtig ist es allerdings, in die jeweiligen Statuten eine Klausel aufzunehmen, die es erlaubt, auf andere Einheiten überzugehen: Wenn es zum Beispiel wenn eine galoppierende Inflation im Euro geben sollte, könnte man auf die durchschnittlichen Kosten für eine Arbeitsstunde als Einheit übergehen, um ein Maß zu haben, das keiner Inflation unterliegt. Möglich wäre auch, die Kosten einer Kilowattstunde Elektrizität oder eines Kubikmeters Trinkwasser als Einheit zu benutzen - besonders, wenn damit Gutscheine ausgegeben würden, mit denen solche Leistungen bezahlt werden könnten.

Die Verhinderung von vermögensschädlicher Inflation und wirtschaftsfeindlicher Deflation ist langfristig jedoch nur möglich, wenn eine Zusammenarbeit mit der Zentralbank und regional tätigen Banken gelingt. Dass dies durchaus Sinn macht, beweisen Forschungsergebnisse, die den in der Schweiz und in Amerika tätigen bargeldlosen Verrechnungssystemen einen wesentlichen antizyklischen Stabilisierungseffekt zuerkennen: Wenn die Wirtschaft boomt, gehen die Aktivitäten komplementärer Geldsysteme tendenziell zurück, wenn aber eine Rezession droht, nehmen ihre Aktivitäten zu. Damit werden die Bemühungen der jeweiligen Banksysteme wie auch der Politik um Währungsstabilität unterstützt.

Der „Regio" soll den Euro ergänzen, nicht ersetzen. Er ist deshalb auch keine „alternative", sondern eine „komplementäre" Währung. Da wir normalerweise weder von „Euro-Geld" noch von „Euro-Währung" sprechen, brauchen wir den Regio auch nicht als „Regio-Geld" oder „Regio-Währung" zu bezeichnen - obwohl das im Anfang vielleicht hier und da nötig wäre, um die Funktion des neuen Zahlungsmittels zu verdeutlichen. Aber für die Zukunft ist es ratsam, einfach von „Regio" zu sprechen (ein Begriff, der auch im bereits erwähnten Regio-Netzwerk verwendet wird).

Zusammenarbeit mit regionalen Banken

Sieht man sich die Anforderungen an, die eine komplementäre Regionalwährung zu erfüllen hat, dann stellt sich natürlich die Frage: Könnte oder müsste die Einführung einer solchen Währung nicht in Zusammenarbeit mit den lokalen oder regionalen Banken erfolgen? Ist zum Beispiel eine regionale Mitgliedsbank, die als Spar- und Leihgemeinschaft ihren Teilnehmern erlaubt, allmählich anwachsende Guthaben auszuleihen, größere Investitionen zu fördern und die Spareinlagen der Mitglieder zu verwalten, nicht eine „Aufdoppelung" der ohnehin existierenden lokalen Banken, die eine solche hinzukommende Konkurrenz natürlich mit allen Mitteln bekämpfen müssten?

Die Beantwortung dieser Frage wird von vielen Faktoren abhängen – nicht zuletzt davon, wie sehr sich die verantwortlichen Banker in den lokalen Banken dem Gemeinwohl und der Gemeinnützigkeit verpflichtet fühlen, und/oder, wie sehr sich die Bürger der Region dafür einsetzen, diesbezügliche Kriterien und Ansätze, die in den Banksatzungen verankert sind, tatsächlich einzufordern.

In Deutschland gibt es nach Gernot Schmidt - anders als in England, wo das Bankwesen vollkommen privatisiert ist - Privatbanken, die gewinnorientiert, Volksbanken, die mitgliederorientiert und Sparkassen, die aufgabenorientiert arbeiten. Die beiden Letzteren dürfen lediglich innerhalb ihres regionalen Geschäftsgebiets tätig sein. Genossenschaftsbanken und Sparkassen sind laut Schmidt deshalb gehalten, geschäftspolitisch mit dafür Sorge zu tragen, dass es ihrer Region wirtschaftlich gut geht, weil sie eben nur „regional wirtschaften, düngen, säen und (nicht nur) ernten können." Eine Regionalwährung wäre seiner Meinung nach hilfreich, um die regionalen Angebote auf die regionale Nachfrage abzustimmen. Die Belebung der regionalen Wirtschaft - wie auch die Förderung des gesellschaftlichen Lebens in der Region - hat insoweit sogar existenzielle Bedeutung für kleine und mittlere Sparkassen und Volksbanken.

Die Sparkasse in Delitzsch-Eilenburg, bei der Gernot Schmidt arbeitet, ist die erste Bank in Deutschland, die ein Gutachten in Auftrag gegeben hat, um die Rechtssprechung der Zentral-Banken bezüglich komplementärer Zweitwährungs-Systeme zu klären.'` Denn mit den Gutschein-Systemen als Währung bewegen wir uns z. Zt. in einer rechtlichen Grauzone. Gutscheine werden in

Deutschland bisher lediglich geduldet. Wenn die Bezeichnung „Gutschein" gut sichtbar auf dem Tauschmittel abgedruckt, das Ausgabevolumen zudem „überschaubar" ist und der Wert des Gutscheins nicht 1:1 in Euro getauscht werden kann, scheint es nach ersten Auskünften von Zentralbankern keine Probleme zu geben. Als Giralgeld hätten wir - wie Hugo Godschalk aufgezeigt hat - mit einer regionalen Zweitwährung ebenfalls kein Problem, weil es dazu eine entsprechend positive Rechtssprechung gibt. Zur Nutzung von Gutscheinen als „Bargeld-Ersatz" gibt es bislang noch keine Rechtsprechung, da ein solcher Fall noch nicht existiert. Um zu vermeiden, dass dies für den „Chiemgauer" und für andere Initiativen bei einer entsprechenden Größe zum Problem werden könnte, bietet das Gutachten der Bank in Delitzsch-Eilenburg für alle, die in Regio-Initiativen arbeiten, eine willkommene Klarstellung.

Zur steuerlichen Behandlung von Regionalwährungen

Zwei Fragen stellen sich im Zusammenhang mit der Steuerpflicht von Regio-Transaktionen: Sollten Regio-Transaktionen überhaupt besteuert werden? Und, wenn das der Fall ist: In welcher Währung sollten sie dann bezahlt werden?

Einer der Hauptgründe, die dafür sprechen würden, Regio-Transaktionen nicht zu besteuern, ist der Folgende: Wenn der Regio soziale Probleme lösen hilft, die den Steuerzahler ansonsten staatliche Zuschüsse kosten würden, sollten diese Kosten in die Vergleichsrechnung eingehen, die man aufstellen müsste, um die Steuerpflichtigkeit des Regio zu beurteilen bzw. festzulegen. Denn wenn die Einsparungen das Einkommen übersteigen würden, welches die Besteuerung erbrächte, wären alle Betroffenen - einschließlich des Finanzamtes - besser damit beraten, die Transaktionen nicht zu besteuern.

In dem Maß jedoch, in dem der „Regio" benutzt wird, auch kommerzielle Transaktionen durchzuführen, wird die Zahlung von Steuern erforderlich. Wichtig ist in diesem Fall jedoch die Möglichkeit, die Steuern in „Regio" zahlen zu können: Denn dies wird darüber entscheiden, ab der „Regio" angenommen und im vollen Umfang seiner Möglichkeiten eingesetzt werden kann oder nicht. In der Tat ist vielleicht die effektivste Art, den Erfolg einer Regionalwährung zu verhindern, eine Bestimmung zu erlassen, nach der alle Steuern auf Einkommen - egal ob aus Euro- oder Regio-Transaktionen - nur in Euro zu zahlen sind. Umgekehrt ist ebenso richtig: Der beste Weg für die lokalen und regionalen Behörden, den Erfolg des „Regio" zu unterstützen, wäre es, Steuerabgaben und Gebühren in „Regio" anzuerkennen, denn dies ist der beste Anreiz für Geschäftsleute, den „Regio" zu akzeptieren.

Wenn die Behörden und politischen Entscheidungsträger willens sind, Steuern und Gebühren auch in „Regio" zu akzeptieren, so können sie dafür wichtige Gründe anführen: Erstens kommen diese Steuern den öffentlichen Dienstleistungen ihres Gebietes zugute, zweitens werden damit regionale Arbeitsplätze erhalten oder geschaffen, und drittens erlauben es die positiven sozialen und ökonomischen

Auswirkungen der verstärkten regionalen Wertschöpfung der Verwaltung, Steuergelder einzusparen

und die gesamte wirtschaftliche Lage der Region zu verbessern.

Schließlich gibt es aber auch noch einen Mittelweg zwischen der Steuerfreiheit und Steuerpflicht aus dem „Regio-Einkommen": So könnte man einen Teil steuerfrei machen (zum Beispiel Einkommen unter 1.000,- „Regio" oder Euro äquivalent unbesteuert lassen), da die Erhebung dieser Steuern sowieso mehr kostet, als dabei übrig bleibt. (Nach diesem Muster wird zum Beispiel das Einkommen aus SEL - einer französischen Komplementärwährung - behandelt). Ein anderer Weg wäre es, den Geschäftsleuten die Bezahlung eines bestimmten Prozentsatzes ihrer Steuern in der Regionalwährung zu gestatten.

Ein praktisches Beispiel im Chiemgau

Der „Chiemgauer" ist einer der ersten praktischen Versuche, in Deutschland eine Regionalwährung einzuführen. Die Regionalgeld-Initiative der Waldorf-Schule in Prien am Chiemsee hat den „Chiemgauer" als komplementäres Tauschmittel konzipiert und bedient sich dabei eines australischen Gutschein-Modells.

Dabei haben alle Beteiligten Vorteile: Wenn man in einem der dafür konzipierten „Clubs" in Australien hundert Dollar umtauscht, bekommt man Gutscheine im Gegenwert von 110 Dollar. Wer gleich 500 Dollar umtauscht, bekommt sogar Gutscheine im Wert von 600 Dollar. Dieser zehn- oder zwanzigprozentige Rabatt entspricht jedoch eher australischen als deutschen Verhältnissen. Im Gegensatz zu Australien erhält man beim Kauf der Chiemgauer-Gutscheine keinen Rabatt. Der Käufer darf sich allerdings ein gemeinnütziges Projekt aussuchen, das dann drei Prozent von der Gebühr erhält, die beim Umtausch in Euro anfallen würde.

Die ersten Käufer dieses neuen Tauschmittels waren die Eltern der Waldorfschüler. Sie unterstützen damit einen Erweiterungsbau für die Schule. Mittlerweile stehen fünf gemeinnützige Projekte auf der Liste, und die Beteiligten kommen aus den verschiedensten Bereichen der Region. Darüber hinaus akzeptieren die Kunden eine Umlaufsicherung in Form einer Gebühr in Höhe von jährlich acht Prozent. D. h. alle drei Monate - also viermal im Jahr - muss eine Marke (die zwei Prozent des Wertes ausmacht) auf den Gutschein geklebt werden, damit er seinen Wert behält.

Die Kaufleute, die die Gutscheine in Zahlung nehmen, können sie mit einem geringen Verlust in die Landeswährung zurücktauschen oder sie zur Zahlung an andere Geschäfte, an ihre Angestellten, an den Verlag, der die örtliche Zeitung herausgibt, usw. weiterreichen. Auf diese Weise verlieren sie die Gebühr, die sie beim Rücktausch zahlen müssten, nicht. In Australien beträgt diese Gebühr zehn, in Prien nur fünf Prozent.

Für die Mehrheit der Geschäftsleute ist es eine Kundentreue-Aktion. Und für Kundentreue-Aktionen werden in Deutschland auch heute schon bis zu zehn Prozent des Geschäftsumsatzes aufgewendet. Eine Unterstützung der regionalen Währung durch die Geschäftsleute würde ihnen also keine zusätzlichen Kosten bereiten. Weil die Kunden bei ihnen mit ihrem regionalen Tauschmittel bezahlen können, kommen sie zum Einkauf in ihren Laden. Immer öfter erleben diese Geschäftsleute dann, dass sie auch selbst mit diesem Tauschmittel bei anderen bezahlen können - und somit der Vorteil entsteht, dass sie die fünfprozentige Rücktauschgebühr in den Euro nicht entrichten müssen. Wenn die Waldorf-Schüler/innen am Monatsende in die Geschäfte kommen, um die dort angesammelten regionalen Gutscheine gegen Euro umzutauschen, hören sie, dass kein Gutschein mehr in der Kasse ist, weil die Geschäftsinhaber ihn woanders ausgegeben haben.

In Australien wurden im ersten Jahr 70 Prozent der Gutscheine in die Landeswährung zurückgetauscht, im dritten Jahr nur noch 7 Prozent. Die Gutscheine werden also wie eine komplementäre Währung genutzt - und die Kosten für den Rücktausch wirken wie eine zusätzliche Umlaufsicherung.

Sparkonten für die Regionalwährung?

Die Wirkung auf die Kunden ist klar: Wo es möglich ist, bezahlen sie mit Gutscheinen, bevor sie mit dem Euro bezahlen. Und genau das ist beabsichtigt. Die teilnehmenden Unternehmen im Chiemgau freuen sich über die Umsätze. Von den Erlösen aus der Umlaufsicherung werden die Kosten des Gutscheinsystems gedeckt. Überschüsse werden für unterstützenswerte Projekte in der Region verwendet. Wer dieses regionale Tauschmittel benutzt, nimmt also einen kleinen Verlust in Kauf, wenn er es über einen längeren Zeitraum in der Tasche behält. Er hat dafür aber den Vorteil, dass er Projekte, Vereinigungen oder Veranstaltungen eigener Wahl benennen kann, die mit den Einnahmen aus der umlaufgesicherten Komplementärwährung begünstigt werden.

Wenn Sparkonten für die Regionalwährung existieren würden, könnte dieser kleine Verlust entfallen, denn dann könnten ja diese Guthaben wieder an andere als Kredit weitergegeben werden. Der Vorteil einer solchen Konstruktion ist, dass man den Euro nur dann - und nur so lange - in Regional-Gutscheine umtauschen wird, wie man diese auch ausgeben kann. Dies wiederum wirkt wie eine eingebaute Sicherung gegen die unbegrenzte Herausgabe von Gutscheinen, die zu einer Gutschein-Inflation führen könnte.

Darin besteht ein großer Vorteil von „Gutschein--Währungen" gegenüber so genannten „Fiat-Währungen", die praktisch aus dem Nichts geschaffen werden können - wie damals, als die Deutsche Mark eingeführt wurde und pro Kopf 40 DM ausgezahlt wurden. Sicherlich ist auch vorstellbar, dass in einer Region eine „regionale Währungsreform" stattfindet, indem pro Kopf ein bestimmter Betrag in einer Regionalwährung ausbezahlt wird. Doch damit würden heute möglicherweise rechtliche Probleme entstehen, außerdem besteht die Gefahr einer unbegrenzten Ausweitung der Geldmenge. Das hat z. B. dem argentinischen „Credito" - der einige Monate landesweit phantastisch funktionierte und etwa zwei Millionen Menschen das Überleben ermöglichte, nachdem die nationale Währung zusammengebrochen war - später in vielen Regionen Argentiniens den Garaus gemacht.

Wir schaffen also hier im eigentlichen Sinne keine neue Währung, sondern nutzen die Möglichkeit, in einem - durch eine Vereinssatzung definierten - Rahmen, dem Gutschein-Modell als Kundentreue-Aktion eine zusätzliche soziale Funktion zu geben: nämlich als komplementäres, umlaufgesichertes Zahlungsmittel die regionale Entwicklung zu fördern.

Diese Idee wurde inzwischen an mehreren Orten überraschend schnell aufgegriffen und in die Praxis umgesetzt, und zwar hauptsächlich aus drei Gründen:

• Erstens gibt es nur wenige legale Möglichkeiten, ein regionales Tauschmittel zu schaffen, das gleichzeitig allen Beteiligten Vorteile bietet - und nur so eine Chance hat, auf breiter Basis angenommen zu werden.

• Zweitens suchen viele Einzelne und Gruppen nach Wegen, wie sie einen Beitrag zur Lösung der gegenwärtigen Krise leisten können,

• und drittens scheint es viele andere Gesichtspunkte zu geben, die für eine Wiederbelebung der regionalen Wirtschaft und Identität als Ausgleich zur einseitigen Globalisierung sprechen: von der Vermarktung frischer Lebensmittel in der Region bis zu regenerativen Energieverbänden und einer bioregionalen Wasser-, Abwasser- und Abfallwirtschaft, von der Nähe zu Produzenten und Konsumenten bis zu besseren Serviceleistungen von Handwerkern sowie kleinen und mittleren Unternehmen.

Die Vision

Die Vision vom „Europa der Regionen" hat für viele Menschen eine große Faszination. Anstatt die Globalisierung mit all ihren positiven und negativen Folgen - sozusagen im Gesamtpaket - zu akzeptieren, sehen viele Menschen in der Region eine Möglichkeit, direkte Veränderungen zu bewirken, die ihnen selbst zugute kommen. Denn viele erleben die Globalisierung nicht nur als Verlust eigener Handlungsspielräume, sondern auch als das Unvermögen der Politik, sich von den Standortentscheidungen einiger Großunternehmen und von der Instabilität des internationalen Finanzsystems unabhängig zu machen.

Die regionale Ökonomie stellt einen neuen Ordnungsansatz dar gegenüber dem, was wir bislang unter „Globalisierung" verstehen. Und die Einführung regionaler Währungen stellt einen der kraftvollsten Wege dar, diesen neuen Ordnungsansatz zu realisieren. Zahlreiche bereits bestehende regionale Initiativen und Programme sind die ersten „natürlichen" Partner im Umsetzungsprozess. So umfasst die Regionalbewegung in Deutschland inzwischen rund dreihundert Initiativen; hinzu kommen über zweitausend Agenda-21 Gruppen und mehr als ein Dutzend Leader + Projekte (ein EU-Programm, welches die regionale Entwicklung des ländlichen Raumes fördert).
Ein weiterer Ansprechpartner - außer diesen Gruppen vor Ort – kann auch der „Ausschuss der Regionen" sein, der als Hüter des Subsidiaritätsprinzips und als direkte Verbindung zwischen den Interessen der Regionen und der Europäischen Gemeinschaft eingerichtet wurde.

Das gegenwärtige Geldsystem wirkt wie eine Pumpe, die das Kapital aus den Regionen, in denen es verdient wird, absaugt und in Regionen pumpt, in denen es die höchsten Rendite erzielt - zurzeit ist dies China, wo 70 % (!) des weltweit verfügbaren Kapitals investiert werden. Deshalb wird eine Verkürzung des Geldkreislaufs, der sich nach den Erfordernissen der Region richtet, eminent wichtig. Nur dadurch erhält sich eine Region ihre eigene Liquidität. Das heißt: Soll die neue Währung anders als die heutige Währung, die in der Regel dem höchsten Profit dient, der eigenen Region dienen, so muss sie auf diese Region begrenzbar sein. Hans Diefenbacher bestätigt dies in seiner Betrachtung der unterschiedlichen Aufgaben, die auf die lokalen und regionalen Arbeitsgruppen der Agenda 2l zukommen, indem er sagt: „Um Ausbeutung oder Störung des ökonomischen Gleichgewichts durch Einflüsse von außerhalb der Region zu verhindern, sollte jede Region zusätzlich eine eigene Währung oder Verrechnungseinheit - unter Umständen auch mehrere - und ein eigenständiges Banken- und Kreditsystem haben.

Unser heutiges Geld dient gleichzeitig als Tauschmittel, Wertmaßstab oder Recheneinheit und als Wertspeicher oder Wertaufbewahrungsmittel. Das Grundproblem ist, dass es als Wertspeicher mit exponentiell wachsenden Ansprüchen und unbegrenzter Mobilität konzipiert ist. Und da heute zumeist auf den Kapitalmärkten höhere Renditen als bei Investitionen in Unternehmen erzielt werden, fließt immer weniger Geld dorthin, wo auch Arbeitsplätze geschaffen werden. Deshalb wird die Funktion einer Regionalwährung in erster Linie auf die des Tauschmittels und der Recheneinheit hin zu optimieren sein, damit sie nur in einem begrenzten Gebiet gültig ist, und als Wertspeicher „nur" einen stabilen Anlagewert sichert. Die wesentlichen Ziele sind:

• vorhandene Ressourcen für die Herstellung von Gütern und Dienstleistungen zu nutzen, um sie dem ungedeckten Bedarf und der Nachfrage entsprechend absetzen zu können,

• dadurch die Arbeitslosigkeit zu verringern,

• den Kaufkraftabfluss aus der Region aufzuhalten,
• und den Kommunen neue finanzielle Möglichkeiten zu verschaffen, um ihre Aufgaben zu erfüllen.
Dass genau diese Ziele durch bisherige Förderprogramme nicht erreicht wurden, zeigt Robert Musil anhand vieler Beispiele aus der Europäischen Union. Er unterscheidet zwischen „externen", von außen initiierten und „endogenen", d. h. von innen her initiierten Strategien, um dem räumlichen Ungleichgewicht zwischen Zentren und Peripherie zu begegnen, und kommt zu dem Schluss, dass die weitgehend neoklassisch dominierte Regionalpolitik der Europäischen Union (keynesanische Nachfragesteuerung, Wachstumspolansatz) das „Davonlaufen" von Kapital, Wertschöpfung und Humankapital nicht aufhalten konnte. Und selbst die endogenen Strategien, die auf die Förderung der regionalen Potenziale abzielen, z. B. durch die Vernetzung vorhandener Ressourcen (Kooperationsförderung) und die Einbindung der Bevölkerung („bottom-up-Ansatz) - haben einen wesentlichen Faktor unberücksichtigt gelassen: nämlich die monetäre Geldver-

sorgung. Dabei ist leicht einsehbar: Projekte mit relativ geringer Rentabilität können nicht mit Geldkapital finanziert werden, das unter hohem Wachstums- und Gewinnzwang steht.

Wie weiter?

In Zeiten fehlender politischer Konzepte, wie denn die Krisen, in denen wir uns befinden, zu bewältigen sind - von der Terrorbekämpfung bis zu den diversen „Löchern" in Bundes- und in Gemeindehaushalten, von dem Verkauf des „Tafelsilbers", sprich der Privatisierung lebenswichtiger Infrastruktureinrichtungen (Energie und Wasserversorgung, Abwasserentsorgung, öffentliche Verkehrsmittel u. a.), bis zur Beseitigung der Arbeitslosigkeit - sollten auch ungewöhnliche Analysen und Ideen eine Chance haben. Die Zeit ist reif, im Angesicht einer aus dem Ruder laufenden Globalisierung die Region als neue Bezugseinheit für den Einzelnen wieder zu beleben. Im Rahmen dieser Entwicklung wird auch das Thema „Komplementäre regionale Währungen" zu diskutieren sein.

In den vergangenen zwei Jahren hat eine Gruppe von etwa einem Dutzend Professor(inn)en der Volks- und Betriebswirtschaftslehre aus Deutschland, Österreich und der Schweiz einen neuen Bericht für den „Club of Rome" geschrieben, der den Titel trägt „Wie wir wirtschaften werden - Szenarien und Gestaltungsmöglichkeiten für zukunftsfähige Finanzmärkte". Er ist im Herbst 2003 erschienen und füllt die Lücke, die der erste Bericht des „Club of Rome", der die gesamte Nachhaltigkeits-Debatte vor dreißig Jahren eröffnet hatte, hinterließ. Der damalige Verfasser Meadows hatte das Thema Geld völlig übersehen. Er betrachtete es als ein passives Buchhaltungssystem, welches den Aspekt Nachhaltigkeit weder im negativen noch im positiven Sinne beeinflussen würde. Der neue Bericht identifiziert nun – als eine wichtige Komponente des nachhaltigen Wirtschaftens - die Einführung komplementärer lokaler und regionaler Währungen.

Bleibt zu hoffen, dass wir mit dem Konzept „Regionalwährung" zunächst in einigen wenigen Regionen Erfahrungen sammeln können: möglichst bevor die Begeisterung, die das Konzept häufig auslöst, unausgereifte Ansätze und vermeidbare Fehler produziert und damit den Gegnern (die natürlich auftauchen werden, sobald sich Erfolge einstellen) womöglich Gegenargumente zur Verfügung stellt.

2.4 Bürgerbeteiligung als „Vierte Gewalt"[10]

Konzepte und praktische Modelle für die Teilhabe der engagierten Bürgergesellschaft an den politischen Entscheidungsstrukturen

Die vierte Gewalt – sind das nicht die Medien? Dem Volksmund nach sind sie das natürlich – sozusagen als ein Korrektiv der anderen drei Gewalten. In den folgenden Ausführungen geht es jedoch um eine verfassungsmäßige 4. Gewalt – und damit um einen Platz, der zur Zeit offensichtlich nicht besetzt ist. Warum sollten wir eine solche benötigen?

Beginnen wir mit einer kleinen Stimmungsanalyse: Was halten die Bürger/innen eigentlich von der Politik, den Parteien und der Demokratie? Diesbezüglich ist in den letzten Jahren ein deutlicher Stimmungs-Umschwung zu verzeichnen.

Noch vor etwa 20 Jahren schien die Welt weitgehend in Ordnung: Die Parteien und ihre Wahlprogramme wurden noch einigermaßen ernst genommen, und die sog. „politische Klasse" - die sich ja vorzugsweise in Parteiapparaten und Verwaltungshierarchien aufhält - konnte sich noch einer gewissen Zuneigung im Volke erfreuen. Es gab eine überschaubare und geordnete Welt, die je nach politischer Vorliebe bequem in "gut" und "böse" eingeteilt werden konnte, und das jeweilige Beglückungsprogramm der Parteien konnte irgendwie doch überzeugend gegen das der jeweils "anderen" gesetzt werden. Und

---

[10] Erhard O. Müller, Originalbeitrag für diese Publikation, Berlin im Mai 2004

der Bürger als das umworbene Objekt der politischen Begierde - dankte es den Parteien mit einer hohen Wahlbeteiligung und einer im Vergleich zu heute geradezu traumhaften Parteientreue.

Aber die Zeiten haben sich gewandelt: Laut einer emnid-Umfrage aus dem Jahr 2002 ist mittlerweile nicht nur das Vertrauen der Bürger/innen in die Politik, sondern auch in die Demokratie als Staatsform empfindlich erschüttert. Wer immer noch glaubt, in Deutschland gäbe es zwar Politikerfrust, aber kaum Zweifel an unserer Demokratie, wird deutlich eines Besseren belehrt. Hier nur einige Zahlen dazu:

Im Vergleich zu 1998 hat sich das Vertrauen in die Demokratie halbiert: Statt damals 65% vertrauten 2002 nur noch 28 Prozent in die Demokratie als Staatsform. Nur noch 27% unterstellen den Politikern, dass sie bei ihren Entscheidungen das Gemeinwohl in den Vordergrund stellen. 68% haben hingegen den Eindruck, dass bei den Motiven der Politiker Eigennutz dominiert.

Auch die Tatsache, dass der Parteienstaat sich in alles einmischt, nervt die Bürger. Inzwischen wünschen 88%, dass er sich so weit wie möglich aus dem Alltag zurück zieht. 55% fordern, dass sich die Parteien von der Besetzung wichtiger öffentlicher Stellen zurückziehen. 83% fordern, dass alle Politikereinkünfte offen gelegt werden. 58% befürworten ein grundsätzliches Spendenverbot

Auf der anderen Seite: 73% verlangen mehr Bürgerbeteiligung. Drei von vier Bürgern wollen häufigere Volksentscheide. 70% würden mehr Seiteneinsteiger in die Politik begrüßen. Und immerhin zwei Drittel der Bürger/innen sind bereit, sich im Sinne des Gemeinwohls zu engagieren.

Wir sehen also: Die allenthalben monierte Zuschauer-demokratie und ihre zu Parteien „geronnene" politische Klasse sind einem ganz erheblichen Vertrauensverlust ausgesetzt – während es andererseits in weiten Kreisen der Bevölkerung eine Bereitschaft zur bürgerschaftlichen Einmischung. Die Diagnose der gegenwärtigen Verfasstheit unserer Gesellschaft lautet demnach weniger "Politik-verdrossenheit" als vielmehr Parteienfrust. Im Hintergrund droht jedoch eine viel gefährlichere Entwicklung: nämlich ein dramatischer Vertrauensverlust in die Demokratie selbst.

Wo liegen die Ursachen für diese Situation?

Auf der Suche nach den Gründen allein auf unpopuläre Regierungsmaßnahmen zu verweisen, greift offenbar zu kurz. Das Problem liegt nicht - wie viele immer noch mei-nen - in der "unzureichenden Erklärung einer eigentlich doch richtigen Politik", sondern in den bürger-undurch-lässigen und an alten Frontstellungen orientierten Denk-strukturen der Parteien schlechthin. Die traditionelle Politik – also das „Kerngeschäft" der politischen Klasse - ist am Ende, und zwar im Wesentlichen aus den folgenden Grün-den:

a) Der politische Apparat wird einerseits als vermachtet, andererseits aber als wenig effektiv wahrgenommen. Auf nahezu allen politischen Gebieten wird eine mangelnde Steuerungsfähigkeit der Politik konstatiert.

b) Die sog. „politische Klasse" (übrigens ein Begriff, den Helmut Schmidt geprägt haben soll) verhält sich angesichts dieser Umstände reichlich überheblich. Die Tatsache, dass in den Parteien immer noch das alte Blockdenken vorherrscht, führt dazu, dass die Parteien unsere Gesellschaft an den falschen Grenzen spalten.

c) Die korporativen Verbände (zu denen nicht zuletzt auch die Gewerkschaften zählen) machen dieses Spiel in der Regel bereitwillig mit: Sie haben sich ihren Platz in den Entscheidungsprozeduren der Gesellschaft erobert – und sind damit erst mal zufrieden. Bestes Beispiel ist das Agieren der Gewerkschaften im sog. Bündnis für Arbeit

d) Die Verwaltungsapparate werden als bürgerundurchlässige Moloche wahrgenommen, die der politischen Klasse hörig sind. Sie gewähren bei Planungsverfahren zwar gnädig eine „formale Bürgerbeteiligung", aber diese wirkt in der Regel eher wie ein Feigenblatt zur Durchsetzung der einmal gefassten Verwaltungs-Entscheidungen.

e) Die Inhaber der politischen Entscheidungsmacht (Parteien – Verwaltung – Großverbände) möchten diese Macht allenfalls untereinander teilen, aber nur ungern mit den Bürgerinnen und Bürgern. Die durchaus vorhandene „Bürgerkompetenz" bleibt dabei auf der Strecke und wird als eine wertschöpfende Produktivkraft unserer Gesellschaft (die sie eigentlich ist) nicht erkannt.

Zusammengefasst: Die Bürgerin und der Bürger als solche, als Subjekte der Gesellschaft, sind im normalen Willensbildungs- und Entscheidungssystem unserer Gesellschaft nur alle 4 Jahre „im Plan vorgesehen" und werden ansonsten eher als lästig empfunden.

Die politische Klasse hat sich „den Staat zur Beute gemacht" (Richard v. Weizsäcker), sie entwickelt sich, so möchte ich verschärfend hinzufügen, mehr und mehr zu einem Klotz am Bein unserer Demokratie – mit der Folge, dass sich eine schleichende Abwendung der Bürger von der Demokratie vollzieht (siehe obige emnid-Umfrage).

Bürgergesellschaft: Ersatzkasse für klamme Haushalte?

Diese ohnehin schon schwierige Situation wird aktuell durch einen gravierenden Umstand verschärft, nämlich dass dem Staat und der öffentlichen Hand das Geld ausgeht. Deshalb geht er seit geraumer Zeit dazu über, viele seiner originären Aufgaben in der sozialen Fürsorge auf die engagierte Bürgerschaft zu übertragen.

Dass das bürgerschaftliche Engagement zur Zeit von allen Parteien des politischen Spektrums – von der PDS bis zur CSU – so hoch gelobt wird, hat also durchaus einen materiellen Hintergrund: Die Bürgergesellschaft wurde just in dem Moment entdeckt, als den Kassen der öffentlichen Haushalte ausging. Im Klartext: Die Bürgergesellschaft wird in letzter Zeit zunehmend als eine Art „Ersatzkasse" für eigentlich originär sozialstaatliche Aufgaben missbraucht und (wir können es ruhig so sagen) ausgebeutet.

Dieser Sachverhalt ist deshalb problematisch, weil es beim Erstarken des bürgerschaftlichen Engagements ja eigentlich um eine sehr begrüßenswerte Tatsache geht.

Bekanntlich hat der Deutsche Bundestag im Jahr 2000 sogar eine Enquetekommission eingerichtet, um den Perspektiven der Bürgergesellschaft auf den Grund zu gehen. Das Ergebnis bestätigt, was wir eigentlich schon wussten: Bürgerschaftliches Engagement ist mittlerweile zu einem unverzichtbaren Bindemittel unserer Gesellschaft geworden. Dem liegt die Erkenntnis zugrunde, dass das bisherige Sozialstaatsgefüge wie auch das System der politischen Willensbildung immer spürbarer an ihre Grenzen stoßen.

Viele Bürger/innen engagieren sich:

a) zum einen im Bereich der sozialen Selbsthilfe: in Freiwilligen-Agenturen, in Nachbarschaftshilfe, in gemeinwohlorientierten Vereinen und Verbänden etc. (auch beschrieben als SOZIALES SELBSTHILFEKAPITAL der Gesellschaft).

b) zum anderen im Bereich der politischen Teilhabe an gesellschaftlichen Willensbildungs- und Entscheidungsprozessen: in Agenda 21-Initiativen, in Bürgerinitiativen für oder gegen irgend etwas, in Elternbeiräten an Schulen etc. (auch beschrieben als DEMOKRATISCHES NACHHILFEKAPITAL der Gesellschaft).

Die erwähnte Begeisterung in Politik und Verwaltung beschränkt sich aber in der Regel nur auf den ersten Bereich der sozialen Selbsthilfe (die als „Ersatzkasse" erschließbar ist), während der zweite Bereich der bürgerschaftlichen Teilhabe an Entscheidungen eher misstrauisch beäugt wird (was verständlich ist, da es hier um eine Macht-Abgabe der politischen Klasse geht). Mit anderen

Worten: Der pleite gehende Staat wälzt wichtige Aufgaben der sozialen Fürsorge - die originär seine eigenen wären - auf die engagierte Bürgerschaft ab. Diese Tatsache verleiht den Lobgesängen seitens der Politik allerdings einen etwas schalen Beigeschmack.

Was die Frage der Teilhabe an der Gestaltungsmacht betrifft, so stellt sich die Situation für die auf diese Weise hochgelobten Bürgerinnen und Bürger so dar: Viele bringen sich z.T. mit großem Engagement über Nicht-Regierungs-Organisationen, über Bürgerdialoge in Agenda 21-Prozessen, in Umwelt- und Entwicklungsinitiativen oder in bürgergesellschaftlichen Arbeitskreisen in gesellschaftliche Belange ein, machen dann aber immer wieder die Erfahrung, dass sie an den realexistierenden Strukturen von Politik und Verwaltung geradezu abprallen.

Nehmen wir als Beispiel die Agenda 21: Im Vergangenen Jahrzehnt kamen in vielen Städten und Gemeinden engagierte Menschen - zum Teil über Jahre - zusammen und entwerfen spannende Zukunftsmodelle für ihre Kommune, bis ihnen Politik und Verwaltung am Ende sagen: Tut uns leid, das passt uns nicht! oder auch: Wir haben kein Geld dafür! Bürger, die so etwas hautnah erleben, werden politisch frustriert, ziehen sich zurück.

Nicht selten stehen am Ende eines solchen Prozesses Frustration, Resignation und der Rückzug aus jeglicher bürgerschaftlicher Verantwortung. In manchen Bereichen unserer Gesellschaft droht die verbreitete Politikverdrossenheit bereits in die - bereits erwähnte – Demokratieverdrossenheit umzuschlagen. Womit wir wieder am Ausgangspunkt unserer kleinen Analyse angelangt wären.

In der Konsequenz verfallen die Betroffenen entweder in die Resignation und Apathie – oder aber sie wenden sich radikalen Abhilfe-Versprechern im rechtsradikalen oder auch linksradikalen Lager zu: Das ist dann die Stunde der Schwarz-Weiß-Maler und der starken Männer oder auch Parteiprogramme, die einer arg verunsicherten Bevölkerung ihre „einfachen Lösungen" anbieten und damit heute schon punktuelle Erfolge erzielen können – Sie wissen, das es in der deutschen Geschichte tragische Beispiele gibt, wo so etwas enden kann...

Eine solche Entwicklung gilt es zu verhindern. Aber was können wir eigentlich tun, um das komplexe Unterfangen eines ökosozialen Umbaus mit möglichst großer Anteilnahme und Teilhabe der Bevölkerung zu organisieren?

Zur Realisierung des ökosozialen Projekts in einem bürgergesellschaftlichen Prozess bedarf es also einer **neuen Dimension unserer Demokratie** – mit anderen Worten: einer Grundmodernisierung ihrer Strukturen, die den betroffenen Bürger/innen das Gefühl gibt: Ja, wir werden gefragt und ernst genommen! Es ist *unsere* Demokratie!

Es geht also darum, unsere Demokratie an entscheidenden Stellen zu ergänzen, zu verbessern und zu reformieren. Was wir brauchen, ist eine „**Beteiligungs-Innovation".** Was aber sind die Voraussetzungen und

Elemente einer solchen Beteiligungs-Innovation? Dazu im folgenden einige Thesen, die nicht nur auf notwendige Maßnahmen, sondern auch wichtige mentale Rahmenbedingungen für eine Zukunft der Demokratie eingehen.

Thesen

Eine hochgradig komplexe moderne Gesellschaft ist über die klassischen Machtblöcke der Parteien und Verbände nicht mehr effektiv steuerbar. Es bedarf vielmehr einer „strukturellen Koppelung der Teilsysteme".

Wir leben in einer so genannten „postindustriellen" Gesellschaft – gekennzeichnet durch Deregulierung, Auflösung der klassischen Lagerstrukturen und hochkomplexe Verschachtelung der Interessenlagen. Dies alles hat die Rahmenbedingungen des politischen Agierens drastisch verändert: Alte Sicherheiten brechen zusammen, im voraus berechenbare regierungsfähige Domänen + Mehrheiten bröckeln dahin.

Wie kann man unter solchen Bedingungen überhaupt noch eine zukunftsfähige (für mich: öko-soziale) Entwicklungsperspektive durchsetzen? Diese Frage geht eigentlich noch weiter: Auf welche Weise sind die komplexen Strukturen unserer modernen Industriegesellschaft überhaupt noch steuerbar?

Eine grundlegende These des Soziologen Niklas Luhmann besagt, dass wir in einer "polykontextual organisierten Gesellschaft" leben, in der alle gesellschaftlichen Teilsysteme nebeneinander und aneinander vorbei wirken.

Diese Teilsysteme können sich zwar gegenseitig irritieren oder stützen, aber es gibt kein gewolltes Zusammenwirken der Systeme und ihrer Interessenssphären mehr.

Das Problem ist nun: Auch die Politik ist - ob ihr das passt oder nicht - nur noch ein Teilsystem im Räderwerk des Ganzen und verfügt kaum noch über wirksame Regulierungsfunktionen. Zwar kann sie die anderen Systeme in gewissem Maße beeinflussen, in Schwingung versetzen, aber eben nicht: bewusst steuern.

Gegenüber den jeweiligen Herausforderungen - von der Rentensicherung über die Gesundheitspolitik bis hin zu regulierenden Maßnahmen im Weltmaßstab – wirken die Regierungsmaschinerien aller modernen Demokratien eigentümlich hilflos. Ihre alte Gewohnheit, die notwendigen sozialökonomischen Maßnahmen allein durch ihre Autorität oder die exekutive Machtfülle ihres politischen Apparats durchzusetzen, entspricht immer weniger den komplexen Realitäten.

Der Kern dieser 1. These lautet daher: Die Politik kann diese Jahrhundert-Herausforderungen nur dann bewältigen, wenn ihr eine "strukturelle Koppelung" der verschiedenen Teilsysteme gelingt und sie sich selbst als eine **Transferstelle** für diese Koppelung neu definiert. Die Möglichkeit der politischen Steuerung ist im überaus komplexen Interessengewebe moderner Industriegesellschaften nur dann gegeben, wenn entsprechende **Vermittlungsorgane** existieren, die die verschiedenen Perspektiven und Sichtweisen im Diskurs zusammenführen und damit zu einem wechselseitigen Verstehen beitragen.

Im Klartext: Eine **wirksame Steuerungsfähigkeit** in Richtung auf gesamtgesellschaftlich tragfähige Lösungen ist nur dann herstellbar, wenn sich die Vertreter der verschiedenen gesellschaftlichen Gruppen und Interessen angesichts der vielschichtigen Verflochtenheit der ökonomischen, der sozialen, der technologischen, der ökologischen und der kulturellen Ebene in Verhandlungen um neue Gesellschaftsverträge bemühen.

Mit dieser Erkenntnis aber verlagern sich die Handlungsanforderungen an Politik grundlegend: Das parlamentarische Showlaufen der Kontrahenten tritt hinter die *Moderation von Transferprozessen* zurück. So bleibt etwa die Propagierung einer noch so ausgeklügelten Gesundheits- oder Finanzpolitik vergeblich, solange nicht die aktive Einbeziehung der "anderen" Teilsysteme in den politischen Diskurs erfolgt. Eine Problemlösung wird erst dann möglich, wenn *alle am Problem beteiligten Systeme bzw. ihre Akteure* am sozialen Dialogprozess teilhaben.

Es geht also um einen "komplementären", einen zusammenführenden Ansatz der Politik. Und es liegt auf der Hand, dass dieser Ansatz dem traditionellen Lagerdenken (sei es das Klassenkampfprinzip oder die Blocklogik vergangener Jahrzehnte, aber auch das Konkurrenzgehabe der realexistierenden Parteien) diametral widerspricht.

In den Parteien (und in der Regel auch in den korporativen Verbänden) haben wir diese Kultur des Aufeinanderzugehens allerdings noch nicht erlernt – obwohl sie wahrscheinlich die einzige Chance eines effektiven (Um-)Steuerns unserer Gesellschaft darstellt.

Daher meine 2. These: Die alten Fronten des 20. Jahrhunderts sind verschwunden – und kommen zum Glück nie mehr wieder. Verhandlungen entlang der alten Schlachtordnung sind nicht mehr zielführend für Problemlösung. Es bedarf einer neuen Kommunikationsdynamik zwischen Problem-Betroffenen, -Analytikern und -Lösern.

Wir müssen uns an die Tatsache gewöhnen, dass die Welt der Blöcke - und ihrer jeweiligen Logiken auf den verschiedensten Ebenen (Klassenkampf, Systemgegensatz, Parteienkonkurrenz) – so nicht mehr existiert, weil unsere Gesellschaft im Begriff ist, sich unabsehbar auszudifferenzieren und zu deregulieren:

Dabei entstehen neue, hochkomplexe Interessenverschachtelungen, die vielfältig untereinander verwoben sind und keine Fronten mehr sichtbar machen. Trotzdem tun wir aber manchmal – quasi reflexhaft – immer noch „so als ob". In aktuellen Arbeits- und Tarifkämpfen wird dann weiter so agiert, als ob die alten Fronten noch stimmen würden. Dieses Herangehen führt bisweilen sogar noch zu kleinen Erfolgen. Aber die Siege werden spürbar weniger. (Jüngstes Beispiel: das Scheitern der IG Metall in Ostdeutschland)

Auch das so genannte „Bündnis für Arbeit" ist ein typisches Beispiel: Es war deshalb zum Scheitern verurteilt, weil es die alten Lagerstrukturen gerade nicht verließ - und ein weiteres Mal nur die korporativen Interessenverbände (Unternehmerverbände und Gewerkschaften) am Diskurs beteiligte.

Bei einem solchen Vorgehen kann deshalb nichts Kreatives oder Effektives herauskommen, weil das eigentliche soziale Kapital und die bürgerschaftliche Kompetenz unserer Gesellschaft, das in einer Vielzahl von Initiativen und kleineren Vereinen organisiert ist, mit gewollter Regelmäßigkeit außen vor bleibt. Und offenbar ist auch in Zukunft an eine offensive Einbeziehung derselben in die Willensbildung der Republik auch in Zukunft nicht gedacht. Dabei hätten wir gerade die Kooperation zwischen Problembetroffenen, Problemanalytikern und Problemlösern bitter nötig.

Woran liegt es aber, dass eine solche Kooperation so selten (sozusagen nur in Gefahr und allerhöchster Not) zustande kommt? Dass sozial kreative Ansätze - wie etwa das holländische Modell in punkto Arbeit - von den Verantwortlichen im „Bündnis für Arbeit" nicht wärmstens begrüßt und aufgegriffen werden? Der Bochumer Sozialwissenschaftler Rolf Heinze verweist in diesem Zusammenhang auf die Abschottung der verfestigten sektoralen Korporationsinteressen: *„Wir müssen diese Segmentierung aufheben, denn die Verbände repräsentieren nur noch einen kleinen, einen geringer werdenden Teil des Sozialkapitals."*

Fazit: Konsensgespräche (wenn sie denn stattfinden) sind zwar prinzipiell auf dem richtigen Weg. Aber wirklich neue innovative Konsense jenseits der klassischen Gräben und unter Berücksichtigung der Pluralität der Gemeinwohl-Akteure sind (zit. Heinze) *„erst dann möglich, wenn die überholten Gremien der korporativen Ver-*

bände aufgemischt und die historisch verfestigte Privile-
gierung einzelner Interessenverbände aufgebrochen
werden." Diese harte Anforderung gilt für Parteien ebenso wie für korporative Verbände wie den DPWV oder den
DGB – und ganz gewiss auch für die extrem verknöcher-
te Institution der Arbeitsämter.

3. These: Neue Bündnisse braucht das Land! Die politische
Vernunft verläuft in der Regel quer zu den Partei- und
Verbandsgrenzen. Zur Lösung der neuen sozialen Fragen
bedarf es daher neuer „Koalitionen der Vernunft" – deren
Zusammensetzung je nach Sachfrage wechseln kann und
muss.

Bezogen auf die großen Sachfragen gibt es in allen Parteien und Interessenverbänden sowohl Betonköpfe als
auch wirkliche Weiterdenker. Das Problem ist jedoch: Unser gegenwärtiges Parteiensystem ist so angelegt, dass die
Weiterdenker nicht wirksam zusammen kommen. Besonders in Zeiten der Regierungsbildung wird nach dem Motto
"Rotgrün gegen Schwarzgelb, dabei Dunkelrot ignorieren"
geradezu klassisch am alten Lagerprinzip festgehalten.
Das mag den Abgrenzungsbedürfnissen aller Fraktionen
durchaus Genüge tun, bloß lassen sich damit in vielen Zu-
kunftsfragen nicht lösen.

Dass die Parteiapparate ihre Lagerkämpfe zunehmend am Bürger vorbei ausfechten, ist dabei nicht einmal das Hauptproblem. Viel gravierender ist, dass "die Parteien die Gesellschaft an den falschen Grenzen spalten". Oder umgekehrt ausgedrückt: Die politische Vernunft und Problemlösungskompetenz verläuft generell quer zu den Parteigrenzen: Unabhängig von den jeweils vorgegebenen programmatischen Korsetten gibt es in jeder Partei – von der CSU bis hin zur PDS – diskursfähige Menschen mit dem nötigen Mut zum parteiübergreifenden Weiterdenken.

Der Mechanismus der Parteienkonkurrenz bewirkt jedoch in der Regel, dass die "falschen" Parteigrenzen das Entstehen von "Koalitionen der Vernunft" verhindern. Das mag noch vor drei Jahrzehnten unerheblich gewesen sein. Aber heute, im Zeitalter der vielschichtig komplexen Gesellschaft, wird die Aufrechterhaltung dieser starren Abgrenzungen zu einem unverzeihlichen Luxus, den die Profilierungsstrategen aller Fraktionen auf Kosten unserer Zukunft ausleben.

Zukunftsgestaltung kann und darf aber heute nicht mehr das Eigentum irgendeiner Partei oder eines Lagers sein, die in ihrer Ecke etwas ausbrüten, das dann für die ganze Gesellschaft beglücken soll. Es käme also darauf an, dass die "Koalitionäre der Vernunft", die ja in allen Fraktionen latent vorhanden sind sich als Pioniere eines neuen Politikstils über die verordneten Grenzen hinweg setzen.

Regieren im 21. Jahrhundert wird mit den überholten Methoden des 20. Jahrhunderts nicht mehr möglich sein. Es geht um nicht weniger, als die gewohnten Parameter des Politik-Machens umzuorientieren: weg von den lager-fixierten Parteikoalitionen und ihren Blockadeeffekten, hin zu sachorientierten Vernunftkoalitionen für neue Gesell-schaftsverträge.

D.h. auch, dass die Bündnisse für solche neuen Gesell-schaftsverträge werden quer durch alle bisherigen Fronten gehen müssen: Innovative Unternehmer werden mit wei-terdenken Gewerkschaftern gemeinsam Konzepte entwi-ckeln und diese gegen die Betonköpfe in allen Fraktionen verteidigen müssen. Im Endeffekt bedeutet dies sogar: den neuen Bündnispartnern in anderen Lagern loyaler zu sein als den Betonköpfen im eigenen Lager!)

Es geht also einerseits um Bündnisse über die Partei-grenzen hinweg, und Bündnisse mit der Zivilgesellschaft in ihrer ganzen Vielfalt. Es geht dabei um die vielfältigen Initiativen der Selbsthilfe, des bürgerschaftlichen Enga-gements in NGOs, in Bürgerstiftungen, in Lokale Agenda 21-Prozessen usw., die in gewisser Weise das „Herz" un-serer Gesellschaft ausmachen.

Dieses „Herz" der Gesellschaft" erhebt nun vielerorts den Anspruch, erkennbar am politischen Gestaltungsprozess beteiligt zu werden. Und die entscheidende Frage ist, wie sich diese Teilhabe effektiv in den bisherigen Strukturen verankern lässt.

4. These: Die Bürgergesellschaft muss an der Willensbil-dung und Entscheidungsfindung der Gesellschaft frühzei-

tig und durch effektive Beteiligungsverfahren beteiligt werden. Ihre Ergebnisse von Bürgerbeteiligung müssen formal legitimiert in die Entscheidungsgremien Eingang finden.

Wir können heute nüchtern die Bilanz ziehen, dass sich die Politik der "falschen Grenzen" und der Selbstinszenierung der politischen Apparate zunehmend als Blockade für zukunftsfähige Lösungen erweist: Zum einen kommen die Partner für nötige neue Gesellschaftsverträge nicht zusammen, zum anderen spüren die Bürger ganz intuitiv, dass hier etwas, in das sie nicht wirklich einbezogen sind, ganz und gar schief läuft - und verweigern dem Ganzen die Gefolgschaft.

Und damit wären wir beim eigentlichen Thema: Solange Entscheidungen nur innerhalb des politisch-administrativen Systems getroffen werden, Bürger/innen jedoch nur so „beteiligt" werden, dass die Verwaltung über mögliche Einwände informiert ist, kann von effektiver Partizipation keine Rede sein.

Ein dauerhaftes Interesse von Bürgern kann nur dann geweckt werden, wenn Bürger/innen, die nicht zur Verwaltung oder zum politischen Apparat gehören, an den Meinungsbildungs- und Entscheidungsprozessen unmittelbar und schon sehr frühzeitig an der Vorplanung beteiligt werden. Die bisherige Planungspraxis - nämlich dass Politik und Verwaltung im Grund schon fertige Pläne der Bevölkerung vortragen und diese Pläne danach als „abgestimmt" im Genehmigungsverfahren weiterreichen, ohne dass die Bürger ihr Votum dazu abgeben konnten - müsste durch eine gezielte Praxis der frühzeitigen Bürgerbeteiligung minimiert werden.

In den letzten Jahren sind eine Reihe von neuen Ansätzen zur Förderung von Bürgerbeteiligung und zur Aktivierung bürgerschaftlicher Kompetenz erfolgreich erprobt worden. Ihnen gemeinsam ist, dass sie Bürgerbeteiligung als einen notwendigen kommunikativen Prozess in der modernen Demokratie verstehen.

Mögliche Verfahren der Bürgerbeteiligung

Die folgenden Beispiele deuten nur einen Teil der Möglichkeiten von Bürgerbeteiligung bei der Gestaltung einer nachhaltigen Politik an. Sie könnten durch weitere ergänzt werden. Kein Verfahren ist ein Patentrezept, alle haben ihre spezifischen Vor- und Nachteile. Deshalb empfiehlt sich meist ein "Methodenmix" - etwa aus der Beteiligung organisierter Interessen und direkten Mitwirkungsformen. Sollen die Ergebnisse wirklich tragfähig sein, so bedarf jedes Verfahren einer sorgfältigen Vor- und Nachbereitung.

Klassisches Modell: Runder Tisch - Bekannt auch aus der Wendezeit der DDR. Bestimmende Merkmanl des RT ist, dass wirklich alle am Konflikt beteiligten Parteien zusammen geführt werden und darüber eine „Zirkularperspektive" entsteht, die zu für alle Beteiligten tragfähigen Lösungen führt- bezogen auf kleinere Themen (Wie dämmen wir die Gewalt in unserer Stadt am 1. Mai ein?), aber auch größere Fragen (Wie gestalten wir eine nachhaltige Entwicklung in unserer Kommune?)

Zukunftswerkstatt: Offene Einladung an Interessierte; gemeinsame Entwicklung von Ideen und Möglichkeiten zu ihrer praktischen Umsetzung in drei Phasen:
1) Kritikphase: Bestandsaufnahme von Problemen und Mängeln,
2) Phantasiephase: Vorstellung von Wünschen und Träumen, wie es anders sein könnte,
3) Realisierungsphase...

Zukunftskonferenz: Einladung eines definierten und begrenzten Querschnittes von Entscheidungsträgern und engagierten Bürgern. Erarbeitung von gemeinsamen Visionen oder auch Maßnahmeplänen in fünf Schritten: a) Rückblick: Ermittlung bestehender gewachsener Unterschiede und Gemeinsamkeiten, b) Bewertung externer Trends, "prouds and sorries", c) Entwicklung von Zukunftsideen, d) Heraus-arbeitung der Gemeinsamkeiten, e) konkrete Maßnahmenpläne.

Open Space: Die Teilnehmenden kommen zunächst zusammen, um völlig offen Themen zu nennen, die für sie von Bedeutung sind. Je nach Neigung der Beteiligten bilden sich zu diesen Themen Kleingruppen, deren Ergebnisse protokolliert, kopiert und am Ende allen Teilnehmenden ausgehändigt werden. Entscheidend für die "Ergebnisfähigkeit" ist das Selbstorganisations-Potential der Beteiligten.

Bürgergutachten/Planungszelle: Etwa 25 im Zufallsverfahren (über Einwohner-Meldekartei oder

Telefonbuch) ausgewählte Bürgern werden 3 bis 5 Tage von all ihren sonstigen Verpflichtungen freigestellt, um in Gruppen Lösungsvorschläge für ein vorgegebenes Planungsproblem zu erarbeiten. Die Ergebnisse werden in einem "Bürgergutachten" zusammengefasst. Diese Methode ist u.a. deshalb von Vorteil, weil es aufgrund der erzielten Repräsentativität (Querschnitt durch alle Bevölkerungsgruppen) Lobbygruppen irgendwelcher Art erschwert wird, ihren Einfluss geltend zu machen.

Planning for Real: Ein transportables plastisches Modell eines Stadtteils wird hergestellt und an vielen öffentlich zugänglichen Orten aufgestellt (vor dem Rathaus oder vor einem Supermarkt), um Bürger/innen darüber ins Gespräch zu bringen. Daraus entwickeln sich gemeinsame Veränderungsvorschläge und neue Formen von nachbarschaftlicher Aktivität.

Aktivierende Gemeinwesenarbeit: Durch aufsuchende Arbeit (Hausbesuche, Jugendtreffpunkte) wird versucht, Bürger zum Engagement anzuregen. Durch eine "aktivierende Befragung" werden Wünsche und Bedürfnisse ermittelt, eine gemeinsame Prioritätensetzung vorgenommen und konkrete Umsetzungen erarbeitet.

Zielgruppenworkshops: Oft kann es anstelle von allgemeinen Beteiligungsformen sinnvoll sein, besondere Zielgruppen (z.B. Frauen, Jugendliche, Schulklassen) gezielt anzusprechen und zu eigenen Workshops einzuladen. Daraus kann eine Vielzahl von Folgeaktivitäten und neuen Netzwerken entstehen.

Bürgerentscheide

Neben den genannten dialog-orientierten Verfahren gibt es als landesweite, gesetzlich verankerbare Möglichkeit der Bürgerbeteiligung den Bürger- bzw. Volksentscheid. Hier gilt es insbesondere, noch bestehende Hemmnisse und Hürden abzubauen wie z.B. die zum Teil extrem hohen Quoren für einen Bürgerentscheid oder ein Bürgerbegehren. (Berlin bildet in dieser Hinsicht übrigens so etwas wie das Schlusslicht der Demokratie-Entwicklung...)

Bürgerhaushalt

Ein sehr zukunftsweisendes Modell ist in diesem Zusammenhang das Konzept des „Bürgerhaushalts", das aus dem brasilianischen Porto Alegre stammt, aber z.Z. auch schon in einigen deutschen Städten erprobt wird.

Beim Bürgerhaushalts-Verfahren wird ein Teil des öffentlichen Haushalts unter direkter Beteiligung der Bürgerinnen und Bürger aufgestellt, wobei die Bürgerschaft, die Verwaltung und die gewählten Gremien durch ein kooperatives Verfahren miteinander verbunden werden.

Verwaltung und Politik informieren die Bürger/innen in leicht verstehbarer Form darüber, was mit den Haushaltsgeldern schwerpunktmäßig gemacht wurde. Anschließend wird auf einem oder mehreren Bürgerforen die Meinung der Bürgerschaft zur Schwerpunktsetzung wie auch zu Einzelfragen der Haushaltplanung eingeholt.

Auf diese Weise wird eine effektive bürgerschaftliche Mitgestaltung der öffentlichen Angelegenheiten ermöglicht. Die Vorteile – nicht nur für eine Millionen-Metropole wie

Berlin, sondern gerade auch für kleine und mittlere Gemeinden - liegen auf der Hand:

- die Haushaltskonsolidierung könnte sich auf eine von der Bürgerschaft mitgetragene Strategie stützen: die Prioritätensetzung würde sich an den tatsächlichen Bedürfnissen der Bürger/innen orientieren;

- dem in vielen Kommunen verbreiteten Interessenklüngel und der Klientelpolitik könnte entgegengewirkt werden;

- es könnte ein "Antikorruptions-Klima" entstehen, das den Bürgern das vielerorts abhanden gekommene Vertrauen in die Politik wieder ermöglicht; auf diese Weise könnte die Bürgerschaft aktiviert werden, an einem Erneuerungsprozess der politischen Kultur teilzuhaben.

- Nicht zuletzt könnten auch Politik und Verwaltung Vorteile aus einem Bürgerhaushaltsverfahren ziehen, wenn ihre Entscheidungen sich auf eine möglichst weitgehende Beteiligung der Bürgerinnen und Bürger gründen.

Mittlerweile hat das Beispiel von Porto Alegre auch in einigen deutschen Kommunen Nachahmung gefunden – allerdings erscheint das Ausmaß, in dem Bürgerbeteiligung „erlaubt" wird, von Fall zu Fall unterschiedlich. In NRW ist unter Federführung der Bertelsmann-Stiftung in Kooperation mit dem nordrhein-westfälischen Innenministerium ein Netzwerk 'Kommune der Zukunft' entstanden, in dessen Rahmen sechs unterschiedlich große

Städte eine partizipative Haushaltserstellung erproben: Castrop-Rauxel, Emsdetten, Hamm, Hilden, Monheim und Vlotho.

Wie jedes neue Verfahren wirft allerdings auch der Bürgerhaushalt die verschiedensten Bedenken und Fragen auf: Ist die Materie nicht viel zu kompliziert für eine Bürgerbeteiligung? Was für ein Modell von Bürgerhaushalt könnte für die jeweilige Situation vor Ort "fruchtbar" sein? Welche Teile des Haushalts sind überhaupt „frei verfügbar"? Was müsste sich auf Seiten des Verwaltungshandelns ändern, um einen Bürgerhaushalt zu ermöglichen? etc.

So weit einige Modelle. Einige davon – besonders der Bürgerhaushalt – gehen natürlich an das Herz des Verwaltungshandelns, weil er die Bürger/innen ermächtigen würde, das Allerheiligste des Machtapparates der Verwaltung zu betreten. Entsprechend groß werden - zunächst - die Widerstände und Vorbehalte sein. Bei Lichte betrachtet können solche Modelle der Beteiligung jedoch gerade für die Verwaltung von Vorteil sein - geht es doch letztlich auch darum, das Verwaltungshandeln beim Bürger transparenter und damit akzeptabler zu machen. Politiker und Behörden könnten sich viel Ärger, Arbeit, Opposition, Imageprobleme erproben - und in der Regel ergeben sich auch tragfähigere und kostengünstigere Optionen.

Insgesamt könnte ein Bürgerhaushalt dazu beitragen, das in der letzten Zeit arg ramponierte Vertrauen zwischen der Bürgerschaft und der „politischen Klasse" wieder herzustellen. Ein Mehr an Demokratie trägt immer auch dazu bei, das sich Bürger für ihr Gemeinwesen interessieren und mehr Verantwortung für die Zukunft ihrer Stadt übernehmen.

Um dies zu erreichen, müsste sich die Verwaltung aber zunächst auch selbst ändern. Und damit sind wir bei einem Kernproblem aller dieser Bürgerbeteiligungsverfahren, dem die

5. These gewidmet ist: Keine Verteilung der Lasten ohne Verteilung der Macht: Wir brauchen einen neuen Gesellschaftsvertrag über das Geben und Nehmen zwischen Staat und engagierter Bürgerschaft.

Was bislang in der Regel fehlt, ist die Bereitschaft der Verantwortlichen zur Aufnahme dieser "zweiten Säule" der politischen Willensbildung und Entscheidungsfindung in unsere parlamentarischen und administrativen Strukturen. Eine wirkliche Teilhabe der Bürgerschaft erfordert natürlich erkennbare Verbindlichkeiten in Parlament und Verwaltung: D.h. ihre Ergebnisse müssen glaubwürdig und formal legitimiert in den politischen Entscheidungsprozess einfließen.

Es geht also nicht nur um die formale Bürgerbeteiligung, wie wir sie von Bebauungsplänen und ähnlichem kennen, sondern eine flächendeckende und frühzeitige Beteiligungskultur in allen Fragen, die das Leben der Bürger betreffen. Die Etablierung einer zukunftsfähigen sozialen Stadtentwicklung und die Entwicklung von bürgerschaftlicher Eigenverantwortung können letztlich nur im Rahmen eines austarierten Gebens und Nehmens erfolgen, über das sich die betroffenen Menschen vor Ort mit den Entscheidungsträgern in Parlamenten und Verwaltungen abstimmen. Wie aber kann dies zum Nutzen aller Beteiligten geschehen?

Wenn Bürgerbeteiligung ernst gemeint sein soll, erfordert sie ein gesellschaftliches Übereinkommen in Richtung auf eine bürgerorientierte Reform unserer Verwaltungsstrukturen und Gemeindeordnungen. Im Kern handelt es sich dabei um einen „neuen Gesellschaftsvertrag" über die Verteilung der Lasten zwischen Bürgerschaft und politischer Administration – als Ausgangsbasis dafür, das empfindlich gestörte Gleichgewicht wieder ins Lot zu bringen.

Vor einigen Monaten hat der amtierende Verteidigungsminister Struck – in einem ganz anderen Zusammenhang, nämlich in Bezug auf eventuelle deutsche Hilfeleistungen für den Irak – den Satz geprägt hat: Keine Verteilung der Lasten ohne Verteilung der Macht! Dieser Satz – eigentlich auf die UNO und die strategische Weltlage bezogen – lässt sich durchaus auch auf jede einzelne Kommune in Deutschland übertragen!

Die im Ehrenamts- und Bürgergesellschaftsbereich engagierten Menschen haben allen Grund, selbstbewusst zu sagen: Wenn wir schon die Aufgaben des Staates und der öffentlichen Hand bereitwillig übernehmen, dann wollen wir auch an der staatlichen Gestaltungsmacht maßgeblich und kontinuierlich – und nicht nur alle 4 Jahre bei der Wahl – beteiligt werden.

Der Inhalt eines solchen Übereinkommens lässt sich ganz einfach umreißen: Einer verstärkten Übernahme von sozialer Verantwortlichkeit durch die Bürgerschaft muss eine stärkere Teilhabe der Bürger/innen an politisch-administrativen Entscheidungen gegenüber stehen.

Wenn die öffentlichen Entscheidungsträger ganz offensichtlich nicht mehr in der Lage sind, die Mittel für die Aufrechterhaltung des Gemeinwesens in Geldform aufzubringen, und diese ungemein wichtige Aufgabe ganz ungeniert der sozial engagierten Bürgergesellschaft überantworten, dann sollten sie dies nicht ganz umsonst tun dürfen: D.h. sie müssen – wie jeder andere auch - für eine erbrachte Leistung ihrer Bürger „bezahlen" – wenn nicht in Geld, so doch in einer Währung, die sie noch immer reichlich zur Verfügung haben: in Macht bzw. Machtbeteiligung.

All dies ist natürlich leichter gesagt als getan: Denn wenn es an die „Hardware" der Entscheidungsmacht geht, glauben Verwaltungen bislang immer noch, über eine größere Legitimation zur Planung und Durchführung ihrer Maßnahmen zu verfügen als etwa Bürgerinnen und Bürger, die im Rahmen von organisierten Beteiligungsverfahren neue Lösungsvorschläge für die Problemlagen ihres Gemeinwesens entwickelt haben.

Ein erster Schritt zur Erneuerung der kommunalen Demokratie müsste es daher sein, Bürgerbeteiligungsverfahren mit institutionalisierten Rechten in den Parlamenten (z.B. Gewährung eines Fraktionsstatus) und in den Verwaltungen (z.B. verpflichtende Beteiligung von Bürgerbeauftragten an internen Planungsprozessen) auszustatten.

Die „wohldosierte Machtabgabe" von Politik und Verwaltung an die Bürger erfordert eine neue Umgangskultur und eine Umstrukturierung, die insbesondere das Verwaltungswesen mit großen Herausforderungen konfrontiert.

Die politischem Umgangsformen - d.h. die sichtbar gemachte Transparenz und die erkennbare bürgerschaftliche Beeinflussbarkeit von politischen und Verwaltungs-Entscheidungen - werden von den Bürgern durchaus sensibel registriert. Sie sind ein wichtiges Indiz dafür, ob ihre Einbeziehung in die Stadtentwicklung wirklich gewollt oder lediglich proklamiert wird.

Für eine echte Kommunikation und für eine tragfähige Entscheidungsfindung in den Kommunen bräuchten wir ein völlig neues Profil des Verwaltungshandelns, das dem Prinzip der Teilhabe und der Eigenverantwortung der Bürger als Subjekte in der Gesellschaft folgt.

Diesem Ziel stehen zur Zeit nicht nur die engen Grenzen der Parteienkorsette und der Verwaltungsressorts entgegen, sondern auch ein gewisser Standesdünkel:

Nur ein Beispiel: Im Rahmen der Berliner „Agenda 21" wurde unlängst der Vorschlag unterbreitet, das Beteiligungsmodell des Bürgerhaushalts auch in der Hauptstadt (auf bezirklicher wie auch auf gesamtstädtischer Ebene) zur Anwendung zu bringen. Bislang reagiert die Berliner Verwaltung darauf mit äußerster Zurückhaltung – dabei könnte gerade sie von den Beteiligungsprozessen profitieren: Ihre Entscheidungen würden nicht nur transparenter, sondern im Endeffekt unterm Strich auch kostengünstiger.

Hier nur einige Beispiele für notwendige Maßnahmen im Sinne dieser neuen Umgangskuktur zwischen Bürger und Verwaltung:

- Attraktiv gestaltete Anlaufstellen für Bürgerinnen und Bürger (für deren Bedarfe die Verwaltungsmitarbeiter umzuschulen sind),

- unmittelbare Vor-Ort-Ansprechpartner/innen der Verwaltung in jedem Stadtteil,

- Obfrauen/Obmänner oder „Vertrauensleute" zur Vermittlung bürgerschaftlicher Vorschläge in den Gremien von Politik und Verwaltung,

- die Ausstattung von Bürgerschafts-Vorschlägen in den Parlamenten mit einem Fraktionsstatus, mittels dessen die Bürgerbeauftragten sich einbringen können.

- Auch die bereits erwähnten Medien könnten sich hier bewähren: Um die Bürgervorschläge zu kommunizieren, bedürfte es einer institutionalisierten „Bürgerseite" als Bestandteil jeder örtlichen Tageszeitung

- ein eigenwilliger Vorschlag in diesem Zusammenhang lautet wie folgt: Warum sollen wir unsere Parlamente nicht entsprechend dem Nicht-Wähler-Anteil mit Vertretern der Bürgergesellschaft auffüllen?

Die meisten dieser Vorschläge bewegen sich an der Schnittstelle zwischen Bürgerschaft, Politik und Verwaltung bewegen. Es geht also, konzeptionell gesprochen, um eine bessere Verzahnung der informellen Ebene der Bürgerbeteiligung mit der formellen Ebene der Entscheidungsträger.

Wir können an dieser Stelle erahnen, wie grundlegend die Neu-Orientierung und Renovierung gerade im Verwaltungsbereich sein muss, um den ausgeführten Anforderungen Rechnung zu tragen.

Wie dieser Umgestaltungsprozess konkret gestaltet und angepackt werden könnte, müsste in jedem Gemeinwesen, an jedem Ort gemeinsam zwischen Politik, Verwaltung und Bürgergesellschaft erörtert werden. Welche Ergebnisse ein solcher Dialog zeitigt, lässt sich nicht im Einzelnen vorhersagen. Nur eines kann schon heute mit Bestimmtheit gesagt werden: Ein solches Bündnis mit der engagierten Bürgergesellschaft - der eigentlichen "Mitte" unserer Gesellschaft - wird sich über kurz oder lang als das Lebenselixier jeder öko-sozialen Stadtentwicklung im 21. Jahrhundert erweisen.

Wünschenswert wäre es natürlich, wenn Politik und Verwaltung - in ihrem wohlverstandenen eigenen Interesse – von sich aus konkrete Vorschläge unterbreiten, mit welchen Schritten sie dieses Konzept einer „wohldosierten Machtabgabe" an die Bürgerschaft konkret angehen möchten. Da dies jedoch nicht zu erwarten ist, bedarf es eines verfassungsrechtlichen Anstoßes von außen, d.h. von Seiten des Gesetzgebers. Damit kämen wir zur vorletzten

These: Bürgerbeteiligung braucht Verfassungsmacht. Neben den drei bestehenden bedarf es einer „Vierten Gewalt": der Konsultative, die den Bürger als den eigentlichen Souverän (laut Grundgesetz) mit echter Verfassungsgewalt ausstattet.

Es ist allgemein spürbar, dass wir uns in einer Phase der Demokratie befinden, in der das System der Repräsentation immer sichtbarer an seine Grenzen stößt und im Endeffekt die Demokratie Schaden erleiden wird, wenn sie nicht sozusagen eine neue Dimension betritt – im Sinne einer Modernisierung ihrer Strukturen, die den Bürger/innen das Gefühl gibt: Ja, wir werden ernst genommen!

Alle geschilderten Ansätze zur Bürgerbeteiligung und zum Dialog der Interessengruppen sind sozusagen Bausteine zur Weiterentwicklung des demokratischen Gemeinwesens: Demokratie ist nicht – und war auch nie – etwas Statisches, sie ist vielmehr in einer stetigen Entwicklung begriffen, d.h. von Zeit zu Zeit eben auch modernisierungsbedürftig. Als sie vor etwa 100 Jahren entstand, standen gewiss ganz andere Aspekte im Vordergrund als heute, am Anfang des Dritten Jahrtausends, wo sich zeigt, dass auch unser eingespieltes und routinehaft durchgezogenes Drei-Gewalten-System kaum noch in der Lage ist, den neu auftauchenden Problemen adäquat zu begegnen und die Gesellschaft im Inneren zusammenzuhalten.

Wer oder was zwingt uns eigentlich – angesichts der schwindenden Wirkung der traditionellen Gewaltenteilung in unserem hochbürokratisierten und politisch-wirtschaftlich hochverfilzten Gemeinwesen –, dieses eingefahrene Drei-Gewalten-Modell als den letzten Schrei der Demokratie-Entwicklung zu betrachten?

Zumindest für die Bewältigung der neuen sozialen Probleme, die gegenwärtig auf uns zukommen, aber auch für das Finden eines neuen "Leitkonsenses" zur Lösung dieser Probleme bedarf es einer erweiterten Dimension unserer Demokratie, und d.h. auch der Verfasstheit unserer Demokratie: Mein Plädoyer geht dahin, unsere drei bisher existierenden "Gewalten" – Legislative, Exekutive, Jurisdiktion – durch eine "Vierte Gewalt" zu ergänzen (besser: zu vervollständigen), die ich an dieser Stelle "Konsultative" nennen möchte.

Wenn es nicht so bleiben soll wie jetzt, dass die Aufnahme von Bürgerbeteiligung in politisches Entscheidungshandeln von der Gnade der Politik abhängt, dann braucht Bürgerbeteiligung einen **Verfassungsrang in Form einer "Vierten Gewalt"**, d.h. einer neben den drei bestehenden Gewalten verfassungsrechtlich verankerte "Konsultative" als Institution des sozialen Dialogs und der Bürgerkompetenz.

Es geht also um nicht weniger als darum, die Kompetenz der Bürgerinnen und Bürger mit einem Verfassungsrang auszustatten, wie er in Form der „drei Gewalten" der Legislative, Exekutive und Jurisdiktion bereits existiert. Eine solche "Vierte Gewalt" hätte zur Aufgabe, das Volk – die Bürgerinnen und Bürger – als den eigentlichen "Souverän" aller Politik, wieder ins Recht zu setzen. Dabei handelt es sich keineswegs nur um die „Hinterbühne" des Politiktheaters, sondern – um im Bild zu bleiben – um all diejenigen, die sich vor der Bühne, im Saal aufhalten: das Publikum in seiner ganzen Vielfalt und Verschiedenheit, den Souverän, dem auf einer neuen Stufe unserer Demokratie die Gelegenheit zum Mitspielen und maßgeblichen Mitwirken gegeben werden muss.

Vielleicht sollten wir all das, was auf diesem Gebiet zur Zeit an interessanten Modellen diskutiert wird, verstanden wissen als die ersten Keimformen einer solchen "Vierten Gewalt", die selbstverständlich auch eines gewissen Grades der Institutionalisierung, der Implementierung ins Verfassungsgefüge bedarf. Und: wenn wir das Grundgesetz mit seinem doch höchst anspruchsvollen Satz "Alle Staatsgewalt geht vom Volke aus!" wirklich ernstnehmen, dann dürfte – bei genauerem Hinsehen – diese sog. Vierte Gewalt, dieses konsultative Element der Bürgerinnen und Bürger in unserer Gesellschaft doch eigentlich nichts anderes sein als die "Erste Gewalt" im Staat!

Die „Vierte Gewalt": die Konsultative

Die Bürgergesellschaft als das „Herz" der Gesellschaft braucht trotz ihrer Heterogenität eine gemeinsame öffentliche Stimme: Ohne die Zivilgesellschaft kein ökosozialer Wandel!

Es würde unserer Demokratie gut tun, wenn zu den bekannten dreien als „vierte Gewalt" eine „Konsultative" der Bürgerinnen und Bürger hinzuträte. Absehbar ist jedoch, dass Parteifunktionäre, Lobbyisten und Inhaber der Verwaltungsmacht zunächst entsetzt reagieren und alle nur erdenklichen Einwände vorbringen werden. Hier stehen wir erst am Anfang eines „langen Marschs durch die Institutionen", für den wir jedoch nicht mehr allzu viel Zeit haben:

Eine derartig große gesellschaftliche Herausforderung, bei der sich die ehrenamtlich und bürgergesellschaftlich Engagierten sozusagen als das pulsierende Herz der Gesellschaft begreifen müssten, stellt an alle Beteiligten Akteure neuartige Aufgaben – ob wir nun bei amnesty international oder bei der Agenda 21, bei einer Freiwilligenagentur oder bei einer Bürgerstiftung tätig sind: Wir müssen lernen, trotz aller unterschiedlichen Tätigkeitsfelder, in denen wir engagiert sind, gemeinsam Ansprüche an Politik und Verwaltung zu formulieren, zu artikulieren und auch öffentlich darzustellen. Hier hapert es im Moment noch gewaltig, denn vordergründig hat ja das Mitglied eines Sportvereins nicht viel mit einem Agenda 21-Aktivisten gemeinsam.

Hintergründig aber gibt es bei allen bürgerschaftlich Engagierten, die einen Gemeinwohl-Anspruch mit ihrer Tätigkeit verbinden, auch gemeinsame Interessen: nämlich als ein die Gesellschaft mitgestaltendes und mitverantwortendes Individuum ernst genommen und an der Gestaltungsmacht beteiligt zu werden. Dabei geht es nicht zuletzt auch um die Artikulation und Vertretung von Interessen: Die vielfältige Bürgergesellschaft braucht eine starke Stimme – sowohl in der Gesellschaft selbst als auch gegenüber den verschiedenen staatlichen Institutionen

Und es ist, so würde ich meinen, höchste Zeit, dass gerade eine rot-grünen Regierung diese Stimme hört und sich endlich einmal auf das kreative soziale Kapital ihrer

Gesellschaft besinnt, und d.h.: es sichtbar in ihre Planungen und Entscheidungsfindungen einbezieht.

Ohne die Zivilgesellschaft ist im 21. Jahrhundert kein Staat zu mehr machen, soviel ist mittlerweile sogar zu den Inhabern der politischen Macht durchgedrungen. Wer aber darüber hinaus auch noch eine ökosoziale Perspektive vor Augen hat und die Gesellschaft in diese Richtung steuern möchte, ist erst recht darauf angewiesen, die Bürgergesellschaft sichtbar und maßgeblich am Willensbildungs- und Entscheidungsprocedere zu beteiligen.

Die Bürgergesellschaft ist sozusagen das „innere Band", das eine Regierung mit ihrem Volk verbindet, das aber auch ein „Ferment" zwischen den verschiedenen Interessengruppen innerhalb der Bürgerschaft darstellt. Eine Neubesinnung und Neubestimmung der politischen Koordinaten, die auf eine wohldosierte Machtabgabe im Sinne einer „Vierten Gewalt" hinausläuft, würde dem inneren Zusammenhalt unserer zur Zeit so vielfältig zerrissenen Gesellschaft ganz gewiss gut tun!

Wir sollten aber darauf gefasst sein, dass diese Erkenntnis den abgebrühten Partei- und Verbandsstrategen nicht schmeckt: Gleichwohl könnte sie sich als ein letzter Rettungsanker für das Gelingen eines ökosozialen Reformprojekts in Deutschland erweisen.

Wir leben in einer Zeit, in der immer spürbarer wird, dass das System der Repräsentation an seine Grenzen stößt – und im Endeffekt die Demokratie selbst Schaden erleiden wird, wenn sie nicht eine neue Dimension betritt. Demokratie ist nichts Statisches, sondern vielmehr in einer stetigen Entwicklung begriffen, d. h. von Zeit zu Zeit eben auch modernisierungsbedürftig: Insbesondere wenn sich zeigt, dass unser eingespieltes und routinehaft durchgezogenes Drei-Gewalten-System kaum noch in der Lage ist, den neu auftauchenden Problemen adäquat zu begegnen und die Gesellschaft im Inneren zusammenzuhalten.

Zumindest für die Bewältigung der neuen sozialen Probleme, die gegenwärtig auf uns zukommen, aber auch für das Finden eines „neuen Leitkonsenses" zur Lösung dieser Probleme bedarf es einer **erweiterten Dimension** unserer Demokratie. Wenn es nicht so bleiben soll, dass die Aufnahme von Bürgerbeteiligung in politisches Entscheidungshandeln von der Gnade der Politik abhängig ist, dann braucht Bürgerbeteiligung Verfassungsrang in Form einer „Vierten Gewalt" – einer verfassungsrechtlich verankerten „Konsultativen" als **Institution des sozialen Dialogs und der Bürgerkompetenz.**

Es geht also darum, die Kompetenz der Bürgerinnen und Bürger mit einer Verfassungsgewalt auszustatten, wie sie in Form der „drei Gewalten" von Legislative, Exekutive und Jurisdiktion bereits existiert. Eine solche „Vierte Gewalt" hätte zur Aufgabe, das Volk – die Bürgerinnen und Bürger – als den laut Grundgesetz eigentlichen „Souverän" aller Politik wieder ins Recht zu setzen.

Dabei geht es keineswegs nur um die „Hinterbühne" des Politiktheaters, sondern – um im Bild zu bleiben – um all diejenigen, die sich vor der Bühne, im Saal aufhalten: das Publikum in seiner ganzen Vielfalt und Verschiedenheit, den **Souverän**, dem auf einer neuen Stufe unserer Demokratie die Gelegenheit zum Mitspielen und maßgeblichen Mitwirken gegeben werden muss.

Vielleicht sollten wir all das, was zurzeit auf diesem Gebiet an interessanten Modellen diskutiert wird, verstanden wissen als die ersten Keimformen einer solchen „Vierten Gewalt" - die selbstverständlich auch eines gewissen Grades der Institutionalisierung und der Einbettung in das Verfassungsgefüge bedarf (Verfassungsrechtler, bitte übernehmen Sie!).

Last not least: Wenn wir unser Grundgesetz mit seinem doch höchst anspruchsvollen Satz **„Alle Staatsgewalt geht vom Volke aus!"** wirklich ernst nehmen, dann dürfte bei genauerem Hinsehen diese Vierte Gewalt – als das konsultative Element der Bürgerinnen und Bürger in unserer Gesellschaft - im Grunde nichts anderes sein als die „Erste Gewalt" im Staat.

Anhang

Widmung: P. Germar Hermann Pawelletz

geboren am 27.04.1939 in Gelsenkirchen

Profess am 01.06.1962 in Warburg

Priesterweihe am 08.07.1967 in Walberberg

gestorben am 29.04.2012 in Dortmund

Lebenslauf: Hermann August Paweiletz kam am 27.04.1939 als erstes Kind des Dachdeckers Hermann Pawelletz und seiner Frau Katharina, geb. Nüßen, in Gelsenkirchen zur Welt. Die Familie wurde kurz vor Kriegsende auf dem Lande in der Nähe von Bielefeld evakuiert. Nach der Rückkehr der Familie nach Gelsenkirchen kam er 1946 in die dortige Volksschule. 1954 endete seine Schulzeit. Um als Priester das Wort Gottes verkünden zu können, und so seine Berufung zu erfüllen, besuchte er das Mariengymnasium in Werl bis zum Abitur 1961.

Im gleichen Jahr trat er in den Dominikanerorden ein und wurde am 31.05. in Warburg eingekleidet. Am 01.06.1962 machte er dort die Einfache Profess und studierte dann an der Hochschule der Dominikaner in Walberberg, wo er am 01.06.1965 die Feierliche Profess ablegte und am 08.07.1967 die Priesterweihe empfing. Danach studierte er dort weitere zwei Jahre. 1969-1970 war er als Arbeiterpriester tätig, mit einem zehnmonatigen Praktikum unter Tage in der Steinkohle-Prosper II in Bottrop. 1973 begann er sein Studium an der Pädagogischen Hochschule in Köln, welches er 1977 mit dem Diplom abschloss. Neben dem Studium lehrte er von 1969 bis 1978 an der Heimvolkshochschule der Dominikaner (Walberger Institut) und leitete von 1974 bis 1978 auch die Walberger Bildungsstätte.

Beim Grenzschutzkommando West in Bonn war er von 1978 bis 1979 als Bundesgrenzschutzpfarrer im Nebenamt tätig. Im März 1980 wurde er nach St. Andreas in Köln versetzt, wo er seine Arbeit bei der Katholischen Arbeitnehmerbewegung begann, zuerst als Theologischer Referent und Assistent des Verbandspräses beim Westdeutschen Verband in Köln. Er arbeitete mit in internationalen Gremien verschiedener Bewegungen Christlicher Arbeitnehmer. Im Jahre 1987 wurde er zum Verbandspräses der KAB-West und zum Geistlichen Beirat des Katholischen Arbeitskreises für Familienerholung gewählt. Nach der Wiedervereinigung Deutschlands war er von 1991 bis 1995 Bundespräses der KAB.

Von 1992 bis 1997 war er in St. Dominikus in Bottrop assigniert. Während dieser Zeit wurde er 1995 zum Präses des KAB-Bezirks Bottrop-Gladbeck und zum Rector ecclesiae der Kapelle des Instituts für soziale Bildung des Bistums Essen ernannt.

Nach Ende dieser Tätigkeiten wurde er, inzwischen nach Heilig Kreuz in Köln assigniert, zum Subsidiar an der Pfarrkirche Hl. Dreifaltigkeit in Gelsenkirchen-Bismarck-Ost und Bezirkspräses der KAB für das mittlere Ruhrgebiet. 2010 ging er in den Ruhestand.

In den letzten Jahren belastete eine chronische Krankheit zunehmend sein Leben. Im November 2010 zog er in das Altenheim Bruder-Jordan-Haus nach Dortmund. Dort starb er nach mehreren Behandlungen im Krankenhaus am 29.04.2012.

Der Sohn eines Arbeiters aus dem Ruhrgebiet widmete sein ganzes Leben den Menschen dort und der Erwachsenenbildung durch die KAB.

.Germar Pawelletz —Requiem 7.5.2012

Die Arbeiter im Weinberg — dieses Gleichnis bietet eine ungewöhnliche Sicht von Arbeit und Verdienst, von menschlicher Leistung und göttlicher Großzügigkeit. Es stellt gängige Maßstäbe auf den Kopf und stellt als ein Prinzip der Wirtschaftsordnung auf: Jedem das, was er für sich und seine Familie als Lebensunterhalt braucht. Mit dieser sozialen Botschaft steht es P. Germar nah. Für ihn war es zentral, im Arbeitsprozess die Menschen mit ihren Gaben und sozialen Verknüpfungen an die erste Stelle zu setzen, ihnen den Vorrang zu geben vor Kapital und Leistungsquote, in der Gestaltung der Rahmenbedingungen von Betrieben die menschlichen Bedürfnisse zu berücksichtigen. Häufig bezog er sich auf das Synodenpapier »Kirche und Arbeiterschaft" und auf die Enzyklika „Laborem exercens" von Johannes Paul II. Die Rechte der Arbeitnehmer, die humane Gestaltung der Arbeitswelt, dafür engagierte er sich.

Sein ganzes Leben im Dominikanerorden stand im Zusammenhang mit der katholischen Soziallehre. Ob als Referent und Leiter im Bildungshaus in Walberberg oder später in Gelsenkirchen, ob als Praktikant unter Tage, ob als Arbeiterpriester, ob als Präses auf verschiedenen Ebenen in der KAB — es ging ihm um die soziale Seite in der Verkündigung des Evangeliums.

Hintergrund ist seine Herkunft aus dem Ruhrpott. Er stammte aus Gelsenkirchen, war dort in seinen letzten Jahren wieder tätig. Bottrop war für ihn ein wichtiger Bezugspunkt, sei es innerhalb der KAB, sei es unser Haus am Plankenschemm, sei es der Freundeskreis, der sich dort traf. Viele Jahre übernahm er Aufgaben im Ruhr-Bistum Essen. Er kam aus dem Ruhrpott, er starb im Ruhrpott. Der Ruhrpott war seine Welt: Gruben, Kumpel, Bier. Er selbst sprach von den drei „Kj": Kohle, Kirche, Kneipe. Seine zweite Heimat wurde die Katholische Arbeitnehmerbewegung KAB, für die er über Jahrzehnte hinweg wichtige Funktionen übernahm, regional, landesweit, bundesweit und auch international. Die Zahl der Sitzungen, der Fahrten, der Vorträge, der Seminare — sie sind nicht zu erfassen.

Wenn man in sein Zimmer kam, sah man schnell, woran sein Herz hing: Da fanden sich Grubenlampen, kostbare Steine aus den Tiefen der Erde, Figuren aus der Welt der Bergleute, die hl. Barbara als ihre Patronin. Es wäre passend, für ihn das Gleichnis von den Arbeitern im Weinberg umzuschreiben zu „die Arbeiter im Bergwerk". Ja, dort schlug sein Herz; die Arbeiterfrage, die Entfremdung der Arbeiterschaft von Kirche und Glaube, die Verbesserung ihrer Situation, das waren seine Themen.

Germars Augen leuchteten, wenn man von Zechen sprach und das Lied der Bergleute angestimmt wurde: „Glück auf, Glück auf, der Steiger kommt. Und er hat sein helles Licht bei der Nacht, und er hat sein helles Licht bei der Nacht, schon angezündt".

Das Steigerlied thematisiert die beschwerliche und gefährliche Arbeit der Bergleute unter Tage und ihre Hoffnung, wiederhochzukommen an die Tagesoberfläche und ihre Familien wiederzusehen. Es ist eine Art Hymne, fester Bestandteil von Versammlungen und Feiern im Ruhrgebiet.

In ihm findet sich bei genauer Betrachtung mehr von Germar wieder, als man zunächst meinen möchte. Ich denke an die Themen von Nacht und Tag und an die Familie. Germar war einerseits ein geselliger und sozial engagierter Mensch, er pflegte die Beziehungen zu seiner Familie, er saß häufig mit den Teilnehmern von Seminaren und Fortbildungen zusammen, er unternahm gern Ausflüge und Fahrten in Gemeinschaft, so manches Fotoalbum hält dies fest. Da erlebte man den leutseligen Germar, der ein echter Kumpel war. Und andererseits hatte er Phasen von Verdunkelung und Verschattung, von Isolation und Einsamkeit zu bestehen. Ursache und Wirkung sind hier schwierig auseinander zu halten: Es lief eben nicht so, wie er es sich gewünscht hätte — im Orden, in der Kirche, in der KAB, in der Familie - und mit sich selbst. Und seine persönlichen Lasten wogen immer schwerer. Sagen wir es im Bild: Er fuhr in manchen Stollen ein, aber er kam nicht mehr raus aus dem Dunkel; er kriegte das Schwarz nicht mehr weg; Kohlenstaub legte sich auf sein Gemüt. Immer häufiger kam es vor, dass seine Arbeit zwar über Tage war, seine Stimmung aber weit unter Tage.

Ich danke allen, die ihm in schweren Zeiten die Treue gehalten haben, die ihn besucht und gestützt haben, die für ihn gesorgt haben, auch wenn es mit ihm nicht einfach war. Ich habe ihn in den letzten Jahren häufiger besucht, aber wie andere auch stieß ich an meine Grenze und fuhr manches Mal ratlos nach Hause. In den letzten Monaten war es _schlicht bedrückend und traurig. Es zeigte sich für mich eine große Tragik: Dem die Arbeiter mit ihren menschlichen Nöten so sehr am Herzen lagen, er war selbst völlig in seiner Arbeit aufgegangen, und als er nicht mehr arbeiten konnte, stand er recht hilflos da.

Nun ist er in das letzte große Dunkel unseres Lebens eingefahren, in den Stollen des Todes, in die Tiefe der Unterwelt. Kostbare Schätze locken dorthin, doch allein können wir sie nicht heben. Der christliche Glaube sagt uns indessen: Christus ist uns dorthin vorausgegangen, er erwartet uns in der Unterwelt, nimmt uns an die Hand und führt uns wieder in die Höhe, in ein unvergleichliches Licht, das alles bisher Erlebte überstrahlt. Wir dürfen das Steigerlied österlich deuten: Der Auferstandene dringt in die Tiefe, in das Dunkel ein und bringt das Licht des ewigen Tages. Er hat sein helles Licht bei der Nacht, er hat sein helles Licht bei der Nacht schon angezündet.

Im Psalm 27 haben wir nach der Lesung gesungen: „Der Herr ist mein Licht und mein Heil. Vor wem sollte ich mich fürchten? ... Ich bin gewiss zu schauen die Güte des Herrn im Lande der Lebenden".

P. Johannes Bunnenberg, OP

Autoren-Verzeichnis

Arnim, Hans Herbert von, Prof. Dr., Professor an der Deutschen Hochschule für Verwaltungswissenschaften, Speyer

Kennedy, Margrit, Prof. Dr., Architektin, Stadtplanerin, Ökologien, Steyerberg

Meyer, Hans, Prof. Dr., Dr. h.c., Präsident der Humboldt-Universität Berlin

Müller, Erhard O., Journalist, verantwortlicher Redakteur der „Zukünfte", Berlin - verstorben

Sikora, Joachim, Dipl.-Volkswirt, Dipl.-Pädagoge, Direktor a.D. des Katholisch-Sozialen Instituts der Erzdiözese Köln, Bad Honnef

Quellen-Nachweis

1. Text basiert auf dem Buch von Prof. Dr. Hans Herbert von Arnim, Vom schönen Schein der Demokratie (siehe Literaturhinweise), S. 26 ff.

2. Auszüge aus dem Referat von Prof. Dr. Hans Meyer, Artikel 146 GG. Ein unerfüllter Verfassungsauftrag?, Beitrag auf dem 3. Speyerer Demokratieforum, Oktober 1999, S. 68 ff.

3. Text veröffentlicht in der Zeitschrift „Zukünfte" Heft 44, Sommer 2003 unter dem Titel „Die Zukunft denken", S. 4 ff.

4. Ökumenische Initiative Eine Welt e.V. und BUND – Bund für Umwelt und Naturschutz Deutschland, Die Erd-Charta, 4. Auflage, Mai 2003

5. Bund der Deutschen Katholischen Jugend (BDKJ), Vision für eine gerechtere Gesellschaft, 1. Auflage, Dezember 2003, Düsseldorf

6.Aufsatz aus der Zeitschrift „Zukünfte", Regio ergänzt Euro – Ein zukunftsfähiger Weg zu nachhaltigem Wohlstand, Heft 46, Frühjahr 2004, S.9 ff.

Literaturhinweise (Auswahl)
Arnim, Hans Herbert von, Vom schönen Schein der Demokratie – Politik ohne Verantwortung – am Volk vorbei, Droemer-Verlag, München 2000
Arnim, Hans Herbert von, Politik – Macht – Geld , Das Schwarzgeld der Politiker – weißgewaschen, Droemsche Verlagsanstalt, München 2001

Darnstädt, Thomas, Die Konsens-Falle – Wie das Grundgesetz Reformen blockiert, Deutsche Verlags-Anstalt, München 2004

Heinrichs, Johannes, Revolution der Demokratie – Eine Realutopie, MAAS-Verlag, Berlin 2003

Kennedy, Margrit, Geld ohne Zinsen und Inflation – Ein Tauschmittel das jedem dient, Goldmann-Verlag, München 1994

Kennedy, Margrit und Bernard Lietaer., Regionalwährungen - Ein neuer Weg zu nachhaltigem Wohlstand, Riemann Verlag, München 2004

Lietaer, Bernard A., Das Geld der Zukunft - Über die destruktive Wirkung des existierenden Geldsystems und die

Entwicklung von Komplementärwährungen, Riemann Verlag,2. Auflage, München 1999

Lietaer, Bernard A.: Mysterium Geld - Bedeutung und Wirkungsweise eines Tabus, Riemann Verlag, München 2000

Lietaer, Bernard, Die Welt des Geldes – Das Aufklärungsbuch, Arena-Verlag, Würzburg 2001

Meyer, Hans, Artikel 146 GG. Ein unerfüllter Verfassungsauftrag, S. 67 ff., in: Arnim, Hans Herbert von (Hrsg), Direkte Demokratie – Beiträge auf dem 3. Speyrer Demokratieforum Okto0ber 1999 an der Deutschen Hochschule für Verwaltungswissenschaften, Speyer, Bd. 140, Duncker und Humblodt, Berlin 2000

Senf, Bernd, Die blinden Flecken der Ökonomie – Wirtschaftstheorien in der Krise, 2. Auflage, Deutscher Taschebuch Verlag, München 2002

Senf, Bernd, Der Nebel um das Geld – Zinsproblematik, Währungssysteme, Wirtschaftskrisen – Ein Aufklärungsbuch, 5. überarbeitete Auflage, Gauke Verlag, Lütjenburg 1998

Sikora, Joachim, Handbuch der Kreativmethoden, 2. Auflage, Katholisch-Soziales Institut, Bad Honnef, 2001

Sikora, Joachim und Hoffmann, Günter , Vision einer Gemeinwohl-Ökonomie – Auf der Grundlage einer komplementären Zeit-Währung, Katholisch-Soziales Institut der Erzdiözese Köln, Bad Honnef, 2001

Sikora, Joachim, Vision einer Tätigkeitsgesellschaft, 2. Auflage, Katholisch-Soziales Institut der Erzdiözese Köln, Bad Honnef, 2002

Simmel, Georg, Philosophie des Geldes, Lizenzausgabe Parkland Verlag, Köln 2001

Sölle, Dorothee, Ein Volk ohne Vision geht zugrunde, Peter Hammer Verlag, Wuppertal, 1986

Internethinweise

- www.erdcharta.de
- www.geldreform.de
- www.humanwirtschaft.org
- www.margritkennedy.de
- www.mitarbeit.de
- www.monneta.org
- www.netzwerk-zukunft.de
- www.regionetzwerk.de
- www.r-evolution.org
- www.sonnenseite.com
- www.sozialoekonomie.de
- www.visionsofpolitics.de
- www.initiative-verfassungskonvent.de
- www.joachimsikora.de
- www.bisz-bonn.de
- www.huelkenberg.de
- www.regionaler-aufbruch.de
- www.mehr-demokratie.de
- www.gemeinwohl-oekonomie.org

- www.bpb.de

VISIONEN-READER II

Von der Vision zur Deutschen Verfassung

ISBN 978-3-8491-1747-4

Verlag tredition GmbH, hamburg

Erscheinungsdatum 2012

tredition®

www.tredition.de

•

Über tredition

Der tredition Verlag wurde 2006 in Hamburg gegründet. Seitdem hat tredition Hunderte von Büchern veröffentlicht. Autoren können in wenigen leichten Schritten print-Books, e-Books und audio-Books publizieren. Der Verlag hat das Ziel, die beste und fairste Veröffentlichungsmöglichkeit für Autoren zu bieten.

tredition wurde mit der Erkenntnis gegründet, dass nur etwa jedes 200. bei Verlagen eingereichte Manuskript veröffentlicht wird. Dabei hat jedes Buch seinen Markt, also seine Leser. tredition sorgt dafür, dass für jedes Buch die Leserschaft auch erreicht wird

Autoren können das einzigartige Literatur-Netzwerk von tredition nutzen. Hier bieten zahlreiche Literatur-Partner (das sind Lektoren, Übersetzer, Hörbuchsprecher und Illustratoren) ihre Dienstleistung an, um Manuskripte zu verbessern oder die Vielfalt zu erhöhen. Autoren vereinbaren unabhängig von tredition mit Literatur-Partnern die

Konditionen ihrer Zusammenarbeit und können gemeinsam am Erfolg des Buches partizipieren.

Das gesamte Verlagsprogramm von tredition ist bei allen stationären Buchhandlungen und Online-Buchhändlern wie z. B. Amazon erhältlich. e-Books stehen bei den führenden Online-Portalen (z. B. iBook-Store von Apple) zum Verkauf.

Seit 2009 bietet tredition sein Verlagskonzept auch als sogenanntes "White-Label" an. Das bedeutet, dass andere Personen oder Institutionen risikofrei und unkompliziert selbst zum Herausgeber von Büchern und Buchreihen unter eigener Marke werden können.

Mittlerweile zählen zahlreiche renommierte Unternehmen, Zeitschriften-, Zeitungs- und Buchverlage, Universitäten, Forschungseinrichtungen, Unternehmensberatungen zu den Kunden von tredition. Unter www.tredition-corporate.de bietet tredition vielfältige weitere Verlagsleistungen speziell für Geschäftskunden an.

tredition wurde mit mehreren Innovationspreisen ausgezeichnet, u. a. Webfuture Award und Innovationspreis der Buch-Digitale.

tredition ist Mitglied im Börsenverein des Deutschen Buchhandels.

Zeitfracht Medien GmbH
Ferdinand-Jühlke-Straße 7
99095 Erfurt, Deutschland
produktsicherheit@kolibri360.de